我与新中国同成长

——一名老教师的工作手记

王学思 / 著

安徽师范大学出版社

·芜湖·

图书在版编目(CIP)数据

我与新中国同成长:一名老教师的工作手记/王学
思著.—芜湖:安徽师范大学出版社,2018.5 (2019.9 重印)
　ISBN 978-7-5676-3490-9

　Ⅰ.①我… Ⅱ.①王… Ⅲ.①教育工作-文集 Ⅳ.①G4-53

中国版本图书馆CIP数据核字(2018)第072830号

WO YU XINZHONGGUO TONG CHENGZHANG——YI MING LAO JIAOSHI DE GONGZUO SHOUJI

我与新中国同成长——一名老教师的工作手记　王学思　著

责任编辑:王一澜
装帧设计:陈　爽
出版发行:安徽师范大学出版社
　　　　芜湖市九华南路189号安徽师范大学花津校区　　邮政编码:241002
网　　址:http://www.ahnupress.com/
发 行 部:0553-3883578 5910327 5910310(传真)E-mail:asdcbsfxb@126.com
印　　刷:江苏凤凰数码印务有限公司
版　　次:2018年5月第1版
印　　次:2019年9月第3次印刷
规　　格:710 mm×1000 mm　1/16
印　　张:7.5
字　　数:95千字
书　　号:ISBN 978-7-5676-3490-9
定　　价:26.80元

序

中国的乡村教师以其苦涩的奉献，支撑起庞大的乡村教育，为乡村社会中的儿童支撑起未来的希望和信心。

乡村教师以其日常的行为方式扎根并融入乡村社会之中，担负起教化千百万乡村儿童、化育乡村社会风气之职责。师范学校是乡村教师的出发之地，而这个出发点之地往往并非都是他们的自愿选择，说不定多少带有一些无奈和听天由命。在城乡二元分割的社会体制下，乡村学校亦并非都是乡村教师的自愿选择，说不定同样带有诸多的无奈与听天由命。乡村学校是他们的生活空间，虽身在乡村却往往游离于乡村的边缘，离群索居。因为读书的缘故，乡村教师往往只是日常生活中对村民以礼相待，甚至并不能够真正融入乡民生活之中，从而成为乡村社会的"陌生人"，以致甚至成为村民背地里议论或嘲弄的对象。乡村学校是他们体现生命价值的场所，有可能却也是他们内心深处隐隐之痛所在。乡村学校和乡村社会是他们的青春绽放地，是他们终身生长并奋斗之所，有可能也是他们内心苦楚的所在。对于众多的乡村教师来说，由于乡村社会的闭塞、人际交往范围的狭小以及乡村教师社会地位的低下，他们甚至不得不在婚姻上面临诸多的困难，以至于不得不最后形成单职工的家庭。

然而，这并不意味着他们就已经融入乡村社会。尽管如此，乡村教师仍然坚守在乡村教育的岗位上，以其微薄之力，撑起乡村之教育，撑起一家之全部生活，撑起乡村儿童的希望。

生活乃至生存，工作以及学生，构成了乡村教师精神世界的全部内容，而这种生活的内容也使得乡村教师往往陷入分裂的境地——城与乡、家与校、学生与子女、生活与工作、理想与现实。由于可能始终行走在分裂的地带，其结果是，乡村教师亦往往是精神和人格分裂的群体。他们收入低下，却又无法另觅他途重新择业，唯有默默无闻地奉献自我；他们有理想追求，却不得不面对乡村社会的现实而埋头苦干；他们有精神追求，却又不得不面对生活的庸常，而忙于琐碎的事务。在这种分裂的生活场景下，乡村教师只能通过给自己设定目标来缓和因分裂而带来的紧张与不安。他们想超然于世外，却又不得不屈从于强大的社会，从而卷入时代的社会风潮之中。尽管如此，他们仍然坚守着，以其庸常的表现筑就起共和国辉煌的基础教育成就。

乡村教师似乎是卑微的，在世俗人的目光中，在功利化的日常生活中，乡村教师往往被看作卑微的群体，然而他们的似乎卑微之处恰恰是他们的伟大所在。其伟大在于，乡村教师以其日常的点滴与对孩子的关照而化育孩童的心灵与精神世界，以其不那么坚强的肩膀为乡村的孩子的成长与上升奠定根基，使他们康健而坚强地走出学校，走出乡村社会，走进辉煌伟大的建设之城，走进现代化的社会洪流之中。

乡村教师似乎是卑微的，在权势者的眼中，在权力世界的名利场中，他们往往被看作微不足道的对象，然而他们是伟大的。他们的伟大在于，尽管他们自知微不足道，却在努力塑造着明日之辉煌。他们将美好呈现给乡村社会中的儿童，他们以学生的成长为快乐，而把苦涩深深地埋藏在心底而不对世界诉说。他们默默地承受着一切的酸甜苦辣，一切的喜怒哀乐，这些都只储存在他们的心中，而不为外人所道。

王学思先生所著《我与新中国同成长——一名老教师的工作手记》，概要式地记述了其从读书到退休乃至退休后的生活历程，其中有二十多年的时间奔走于不同的乡村学校之间，让我们从中得以看到二十世纪五十年代后中国乡村教师的日常生活与其体验。对于宏大的历史叙事来说，这些记录可能是微不足道的，但对于乡村教师来说，它可是整个乡村教师生活的缩影与典型。更值得赞赏的是，他回到县城中学里仍怀着巨大热忱全身心投入学校艰难的建设中，艰苦的乡村教育生涯没有泯灭掉他坚强的教育意志。

我于1981年从师范学校毕业，在乡村学校教书十余年，对其中的酸甜苦辣深有体会。拜读完王先生的著作，心中起伏激荡，感慨万分，思绪万千，便写下以上的感想。遵合肥市教育局王勇副局长嘱，谨为作序。序文写作之际，正值《中共中央国务院关于全面深化新时代教师队伍建设改革的意见》发布。这是中华人民共和国成立以来党中央、国务院第一次就教师队伍建设改革联合发文。文件中明确指出，"不断提高地位待遇，真正让教师成为令人羡慕的职业"，特别提出，"提升教师的政治地位、社会地位、职业地位"，"大力提升乡村教师待遇"。这让我们感到特别欣慰。相信随着中央教师队伍建设政策的深化，新时代乡村教师在继承老一辈乡村教师默默无闻奉献的精神传统的基础上，会有进一步的发展，会有更美好的教育生活，会有更加多彩的教育人生。

周兴国

二〇一八年二月一日

目　录

一　家境中落　读书不易

我的祖籍在安徽省肥东县磐石乡王九七村。据家谱记载，我的始祖是汉高祖大臣王忠宪，其第四十三代后人王玉金移居江西南昌府南昌县南面的全都元祖山下瓦屑坝柳塘村。明洪武十三年（1380年），因战乱频繁，其长子寿一与妻子荚氏商议后，带着长子王龙、次子王虎离开柳塘村，行至庐州府合肥县东北的伏羲山北坡，在那里发现泉水出露，即插草为标定居下来。寿一公去世后，王虎到山南巢邑的清水涧百罗田王虎坝井子村居住，号九高；王龙仍居住原地，号九七。时间久了，此村便叫王九七村。所以家谱专门立传称王龙、王虎为二世祖。明永乐年间，王龙、王虎应招带兵三千平寇，因有功，被封为"龙公太保""虎公太尉"。至我父亲王秀发，已经是第二十世的秀字辈，我是第二十一世的发字辈，名叫王爱发。此时的王九七村也已经是远近闻名的大村子——我现在还记得自己小时候在村子里走丢的趣事。

我父亲年轻时好赌博，后因为逃避债务弃家出走，曾在店埠老阚家打工，后赴上海的纱厂织布，又到南京码头打工等。他离家的当天，债主带着打手到家里逼要地契，抢走牲畜和晒场上的稻谷。从此，兄长弃学放牛，母亲以租田耕种为生。当时，我只有四岁，再见父亲时已是四年后了。这些都是1976年11月1日，我向党组织交代家庭成分时，从亲戚和父亲朋友那里打听到的情况。在我的脑海里，父亲的形象是模糊的，母亲拉扯我长大，我对她有着深厚情感。

记得我四岁、兄长十二岁那年，在宣城置业的表舅回老家过年，看到我们生活十分艰苦，劝我们下江南谋生。年后，母亲肩挑一担箩筐，带我们兄弟俩跟着表舅去了宣城。

从宣城县城老十字街向北走约五十米，一栋大门朝西、三进二层楼的大院便是表舅家。前厅是布店门面，中厅是织布的地方，后面是仓库、厨房、饭堂，最后面有一个大院子，用来晒纱和堆放杂物。整个院落背靠宝塔山，面朝北门街道，风水和市口都很不错。哥哥留在表舅家当学徒，母亲带着我打零工、砍柴、洗衣，一家人勉强维持生活。

四年后的一天，我正开心地和小伙伴们打弹子，哥哥突然拉着我往家跑，边跑边说："阿爷（父亲）回家了，快回去。"我们到家时，母亲坐在灶间，父亲躺在床上一声不吭，哥哥带着我几步跨进房门就喊"阿爷"，并叫我快喊。我说："不是说阿爷死了吗？"说完，我就跑出房门扒在母亲怀里哭。母亲淌着泪说："孩子，是你阿爷哇。"这便是父亲在我模糊记忆中的第一印象。

第二天，表舅来我家与父母商量今后的生活安排，最后商定我家重操旧业，开机织布。在表舅的帮助下，我们置办了织布机，购买了原料，父亲负责漂纱、染纱、浆纱、纡纱，父亲干起这些事来真是一把好手。哥哥织布，母亲打纱，我也跟着学打纱。父亲倚仗会一些拳脚功夫，孤身一人扛着自家织的平布、花色格布、线布，穿越山冈松林，徒步到黄渡、新田、溪口、周王、扎门、高桥、杨柳、团山、三元等南片乡镇销售布匹。因为销售情况良好，我们的日子过得越来越红火。我们的织布作坊由原先只有一台织布机，发展到有三台织布机，父亲带了三个徒弟，而且受到同行和邻居们的夸奖。

八岁时，我在宣城复旦小学接受启蒙教育。父母让我一边上学读书，一边完成每天的打纱任务，我很高兴。开学后的第一个星期日，我仍背着书包去上学。我在教室里的朗朗书声惊醒了老师，老师走进教室拍拍我的肩头，在我对面坐下说："今天是星期天，学校不上课。"我一下子脸红了，低下头。他又说："你叫什么名字？""王爱发。"他说："这名字不好，我给你起个名字——学思，意思是学习新思想，可好？"后来经父母同意，我改名为"王学思"，并沿用一生。

1949年6月，父亲病逝，哥哥才十八岁，就继承父业。哥哥年轻受欺，自家产的各色布匹销量每况愈下，加之徒弟们闹事，家境日趋直下。1950年上半年，老家土改分地，母亲带我回到肥东老家，母亲种田，我和堂弟王义发在阚集小学读三年级。但我早已养成南方的饮食习惯，因受不了每天喝大麦粥、吃糠菜饭而常常哭闹，母亲心里愈发难过，最后决定让我回宣城读书。哥哥、嫂子迫于生活压力，不同意我回去。无奈之下，我只好含着泪走进宣城棉织社，当了一名打纱工。我干了一年多，因为内心一直想读书，不甘平庸，于是写信给母亲，告诉她我的处境和想法。母亲得知这一情况后，急忙赶回宣城，坚决要送我上学，兄嫂才答应让我继续上学。经宣城城厢小学（现实验小学）考试合格后，我读小学四年级，于1956年顺利毕业后，同时考上宣城中学和宁国师范学校。兄嫂因经济负担太重，反对我继续读书，再次要我进棉织社当学徒。在与兄嫂的争吵中，我到毛礼福建筑工地当瓦匠小工挣学费。半个月后，母亲得知了消息，急忙赶到宣城，以我体弱为由支持我读书，一直闹到后来兄弟分家——我分到一张旧床，钱无分文。开学时，同学们邀我到家门口的宣城中学报名上学，我只能偷偷地躲开他们。无奈之下，我只能远赴食宿全免的宁国师范学校报到，路费和生活必需品的开销均是我做小工所得。

1956年9月，母亲含泪送我至宣城西门车站的"大闷车"。我下车时，恰逢一些同学，我们结伴走七里多路行至位于蔡家巷的学校报到。学校刚刚筹办，环境艰苦、条件差，但对我来说，能继续读书比什么都好。

开学的第一天，学生带着板凳，集中坐在草棚下参加开学典礼。校长的讲话很长，我只记得："你们是学校的首届学生，今天你们坐在这儿学习是新中国教育发展和人才培养的需要。有了新中国的社会主义建设，才有这个大好的学习机会。你们是从每十二名报考的学生中选拔出来的一名优秀学生，要珍惜来之不易的读书机会。"是的，没有新中国，我就没有学习的机会，我要珍惜。

两年多的学习、生活，在艰苦环境中锻炼了我顽强不屈的精神。节假日返家回校时，我从不乘车，均与同学结伴沿芜屯公路徒步四十多千米。几十年后，还有这些片段留在我的记忆深处：一次，我与同学走山上小路赶夜路，黑暗中大家被迎面山坡一双闪亮兽眼吓到，大家一起用手电筒和火把驱赶它，然后一口气跑到港口镇的同学家里，喝点水后才慢慢镇定下来。这时天色泛亮，我们又顺着小路经过杨林、黄渡、峄山、夏渡公社回到宣城，我到家时已是下午四点。

两年多时间里，我团结同学，和同学互相尊重。课间休息时，我常常成为学生扎堆聊天的中心。我热爱劳动，在修塘、筑坝、采茶的劳动中表现积极，受到农民的夸奖。在除"四害"的战斗中，我带领十二名同学翻山越岭，白天深入农田灭鼠，夜晚进入牛棚打手电筒捉麻雀。有天晚上，我们住在农民家时，恰逢农民杀年猪，我们受到热情款待。三天后返校，我因超额完成任务受到学校的好评、称赞。我在读书期间多次获得学校劳动标兵、积极分子等光荣称号。

两年多时间里，我勤奋好学，成绩优良，担任班级学习委员一职。我学习报告单上的成绩、评语都很好，操行等级被评为甲上，一直受老师们的厚爱，这也是当年三百多名学生中不多见的好成绩。因此，我被推荐直升中师班学习，但最终未能如愿。

二 年少懵懂 赤心从教

原本初等师范生毕业后有两个去向：通过考试，考试合格者可继续读中师；毕业后回乡分配到学校当教师。我就读于宁国师范学校期间，表现良好，成绩优秀，被直接推荐免试读中师，而当时全校只有五个名额，我十分自豪地成为其中一员。这是千载难逢的深造机会，也是我梦寐以求的事。

1957年4月27日，中共中央正式发出《关于整风运动的指示》，决定在全党进行普遍、深入的反对官僚主义、宗派主义和主观主义的整风运动。《指示》强调，这次整风运动应该是一次既严肃认真又和风细雨的思想教育运动，应该是一次恰如其分的批评和自我批评运动，应该多采取个别谈心或开小型座谈会和小组会的方式，一般不要开批评大会或斗争大会。这次整风，以正确处理人民内部矛盾为主题，采取"开门"形式，既在党内开展批评与自我批评，也欢迎党外人士对党和政府、党员干部中的缺点错误提出批评。毛泽东后来还指出：党希望通过整风，达到这样的目标：造成一个又有集中又有民主，又有纪律又有自由，又有统一意志、又有个人心情舒畅、生动活泼，那样一种政治局面。

5月1日，《人民日报》公布党中央的整风指示。各级党政领导机关和高等学校、科学研究机构、文化艺术单位的党组织纷纷召开各种形式的座谈会，听取党内外群众的意见，欢迎大家"鸣""放"（这是在讨论和实行"双百"方针中形成的简化词语）。①

当时，基层学校非常缺教师，党组织下达命令要求在校的初等师范学生必须提前分配到各校当教师。我所在的学校根据上级的指示将三年学制改为两年学习、一年实习的学制。这一突然变化使我继续读书的梦想破灭了。第二天，学校领导给我们这些即将提前毕业的学生做思想工作，强调"国家处于困难时期，我们是为国家服务的，要到人民需要我们的地方去"。经过了很长时间的思想斗争，我们陆续表示服从组织安排。学校考虑到学生各人情况不同，征求我们各自的分配意愿。当时，我选择了宣城，因为我从小生活在这片土地上，离家也近，随时能照顾到家里的母亲和兄长。

这一年的7月底，我们乘上赴宣城的汽车，车上车下，同学们难舍难分，沿路每有同学下车，都在哭声中和大家告别。车开到宣城水东时，大家的情绪才稳定下来，到孙埠镇时才有人打破悲伤的氛围。最终，我伴着笑声到宣城县教育局报到。

县教育局将我和同学蔡武一同分配到杨柳区的杨柳中心小学任教。杨柳区下辖杨柳、周王、扎门、高桥、金坝、新田、溪口、华阳等公社，区委、区政府就设在杨柳镇的街道旁。杨柳区位于宣城县南部，广泛分布低矮的红色丘陵，土壤贫瘠，荒山连绵，农田多以山冲水田为主，多依靠水塘、沟渠坝储蓄雨水灌溉，是典型的靠

---

① 中共中央党史研究室.中国共产党的九十年:社会主义革命和建设时期[M].中共党史出版社,2016:488—489.

天吃饭的地方。杨柳镇距离县城大约二十千米。当时，交通极不便利，一天只有一班车往返。这些公社的学校划为杨柳学区统一管理，杨柳中心小学临近区委、区政府大院。

杨柳中心小学是杨柳学区规模最大的完全小学，全校六个年级，每个年级四个班，共二十四个班级，每个班级的学生数在六十人上下。学校师资比较匮乏，一个教师教授多个科目，一切都要服从学校安排。实际上，我被分配来的前半年是实习，主要任务是向老教师学习，熟悉学校管理和教书需要做的具体事情。第二学期，我被任命为三年级语文、数学教师和班主任，每月有20.5元的生活补贴。

暑假期间，全县教师正在城里参加"反右"学习运动，新来的实习教师自然要全部参加。第二天，我与蔡武到宣城三小报到参加学习。在"反右"学习运动中，每个学区的教师编为一个中队，每个公社的教师编为一个小队，我们当时就编在杨柳学区中队杨柳小队。

这场运动主要是继前期"反右"斗争之后对知识分子进行持续的思想改造，要求知识分子自觉自愿地把自己内心深处的"非社会主义思想"公之于众并加以批判，并制定相应的计划予以改造，也称之为"交心运动"。对于学校老师而言，要利用暑假一个月，集中开展运动。向党"交心运动"要经过务虚、务实、交心三个阶段。首先是务虚阶段，主要是进行政治学习，学习党的方针、政策和指导思想。我们到那里的时候，向党"交心运动"已经进行到最后两天。我们从早到晚学习党的文件和政策，然后畅谈对"交心运动"的认识。通过学习，我们要端正态度，拥护党的领导，效忠党的教育事业。在这个阶段，我感觉非常苦恼——在学校读书时，我就是比较好动的人，加之南方夏天天气比较燥热，让我这样一个人整天坐在会议室学习，整个人坐立不安。最后，我不自觉地站起来走到窗台旁边乘凉，还被杨柳中心小学校长点名，他要我坐下来认真听讲。"交心运动"的第二阶段，就是每个人袒露自己对党的方针、政策，对社会的不满，包括对一些土地改革政策和新中国成立以来的一些整风运动的意见。总之，凡是对党和国家有意见的，都必须向党坦诚交代。当时，我们刚走出校门，并没有亲身经历过土改和整风等运动，要求我交代不满意见，我感到无从谈起。但我也深知，在这场运动中不"交心"也无法过关。我面对发下来的二十张大白纸，陷入无助和矛盾之中。环顾四周，很多老教师全神贯注地写，和我一起分配来的蔡武因家庭成分不好平时很少发言，他也埋头认真地写。"交心运动"组长（小队队长）一直盯着我，又连续找我谈了几次话。当时我脾气倔强，接触社会不多，更是感到没有需要对党交代的内容，于是硬生生地回了句"我没有内容可写"。组长看我那个态度，也没再找我。思来想去，我还是决定离开。傍晚，我卷起自己的草席直接跑回家了。当天晚上，组长发现我离开了，花了很长时间找到我家，劝我回去。那时，母亲已从肥东老家回到宣城，帮兄长看孩子、做家务。母亲怜惜我，便对组长说："我们家小孩不是吃官饭的料，都是靠劳动吃饭，这个工作不干了。"哥哥不同意，劝我："领导都来了，一定要去，做事情不能半途而废。"哥哥一边劝我回去，一边向组长赔不是。在领导再三劝导下，我跟着"交心运动"组长回去了。第二天，我还是要面对"交心任务"。于是，我和我的另外一个同事先带着小本子到第一小学大礼堂读别人张贴的"交心"大字报。后来，我实在写得太累了，就去睡觉了。巡查的中队长将我叫醒，问我叫什么名字，又问我"别人都在写，你怎么不写？"我说："我已经写完了，没有内容可以写了。"他问我写了多少条，我说17条，他说："可以了，你继续睡觉吧。"我当时很惊讶，我说："我怎么不认识你，你让我睡觉，我就睡觉啊？等组长来了，倒霉的可就是我了。"他说："组长来了，你就说是中队长让你睡的。"果然，后来组长来了，把我弄醒了，问我"怎么在睡觉？"我说："中队长让我睡的。"他一句话没说就离开了。

第二天早上，广播响的时候我正在吃饭，广播通知我去开会。当时我就纳闷起来，心里想不会出什么问题了吧。想到这，我也没心思吃饭了。我向杨柳区的另外两个老师讲了自己的担心，他们一脸轻松地说："没事的，你先吃饭，吃完饭我们一起去开会。"这时，我才知道他们也被通知去开会了——我的心稍稍平静了一些。在去开会的路上，我得知他们都是共产党员，其中一个人是退役军人，分配到杨柳中心小学做教师，我这才彻底放心了。我们到了以后，领导宣布了杨柳中心小学新的领导班子，他们两人分别被任命为校长和副校长，而我被任命为"交心运动"杨柳小队的文书。组长和副组长负责调查哪些人有什么问题，我主要负责记录调查结果，每天把发现的问题归纳起来上交到中队。当时，第二阶段"交心"是由校长和副校长领导组织，组长和副组长负责调查教师问题，交叉分工。

"交心运动"结束时，全县过关的教师会佩戴一朵大红花，排着队兴高采烈地在大街上游行，集中在宛陵剧场举行集会，大会宣布"交心运动"的巨大收获是查出教育系统的两个"右派"分子。至此，为期一个月的"交心运动"结束，大家各自回到学校准备开学的工作。

从我个人角度讲，因为家庭出身好，年轻机灵，而且做事认真，严于律己，待人热诚，受父亲影响又喜欢打抱不平，主持正义，重视名誉和操守，使我在"交心运动"中得到领导和同事们的信任，为我的职业生涯开了一个好头。

1958年8月底，"交心运动"结束后，我就立即赶到杨柳中心小学报到。新的学期开始了，我担任三年级语文、数学教师和班主任。这是我正式步入社会后的第一份工作。我对这份工作充满了好奇和热诚，全身心地投入工作中。每天，我早早来到教室，充满激情地做好每项工作。晚上，我认真备课，写好备课笔记，然后面对墙壁默默地试讲每节课、修改讲稿，直到自己满意为止。

记得开学第二周的星期一，学校教导处陈剑秋主任不打招呼突然来听我的课。看到他坐在教室里，我有些紧张。说来也怪，上课铃响后我走上讲台，情绪突然就平静下来——我居然轻松自如地上完了课。第二天，陈主任照样听我的课，一直持续听到星期六才点评了我的课。陈主任对我的总体评价比较高，提出的改进意见也十分中肯，使我受益匪浅，也极大地鼓舞了我当好一名老师。之后不久，陈主任派我在全学区上公开课，接受学区教师的指导、帮助。在1960年小学升初中的考试中，我所教班级语文、数学成绩十分优异。当年，我被评为"宣城县教育战线先进个人"，并于1960年出席宣城县群英大会。我工作两年就获得如此荣誉，既是个人努力的结果，又是领导、同志指导、帮助我的结果。教学起步的成功对于我的教育生涯起到了关键作用。

王学思(第二排右一)参加县文教群英大会周王公社代表合影

1958年1月和3月，毛泽东先后在广西南宁和四川成都主持召开中央工作会议。他提出，要把党和国家的工作重点放到技术革命和社会主义建设上来。这是中共八大路线的继续和发展，具有积极的意义。但是，他错误地改变了在经济建设上既反保守又反冒进即在综合平衡中稳步前进的方针，严厉批判反冒进，偏离了实事求是、稳步前进的正确轨道。

同年5月，中共八大二次会议通过了"鼓足干劲、力争上游、多快好省地建设社会主义"的社会主义建设总路线。这条总路线及其基本点，其正确的一面，是反映了广大人民群众迫切要求改变国家经济文化落后状况的普遍愿望；其缺点是忽视了客观的经济规律。总路线提出的"多快好省"这四个字，本来是相互制约的，但在宣传中和实际工作中片面地突出了一个"快"字，产生了消极的后果。[1]

---

①《中国近现代史纲要》编写组.中国近现代史纲要:2015年修订版[M].6版.北京:高等教育出版社,2015:260.

　　1959年7月2日至8月1日，中共中央在江西庐山召开政治局扩大会议。毛泽东提出18个问题，要求与会者讨论。其出发点是统一全党的认识，巩固纠"左"成果。但是党内的高层领导对1958年以来的工作和当前形势的估计存在着严重分歧。7月14日，彭德怀给毛泽东写信，着重指出"大跃进"存在的严重问题和突出矛盾。毛泽东错误地对彭德怀的信提出尖锐批评。8月2日至16日，毛泽东在庐山主持召开中共八届八中全会，作出了《关于以彭德怀同志为首的反党集团的错误的决议》，随后在全党范围开展了"反右倾"斗争。这场斗争，在政治上使党内从中央到基层的民主生活遭到严重损害；在经济建设上打断了纠"左"的进程，使错误延续了更长时间。

　　主要由于"大跃进"和"反右倾"斗争的错误，加上当时的自然灾害和苏联政府背信弃义地撕毁合同、撤走全部专家，中国国民经济在1959年到1961年发生严重困难。[①]

　　1960年9月，我被调任到白杨陈村小学，担任该校的负责人，兼全区少先队辅导员，主要负责辅导学校师生业务活动和少先队活动的落实。当时，学校师生的口粮是定额供应。我每次同社员一起走约二十千米山路，将学生的口粮从粮站挑回学校。期间，粮食供应已日趋紧张，粮食定额一降再降，以至后来每餐必须加上野菜，才能让学生吃饱。我因想尽办法让学生吃上饭，从而保证了较高的学生到校率，所以受到社员和领导的表扬。按照杨柳中心学校的规

---

①《中国近现代史纲要》编写组. 中国近现代史纲要:2015年修订版[M].6版.北京:高等教育出版社,2015:261–262.

定，每周六下午三点所有学校的教师到学区进行政治学习、教学引导活动，或者进行公开课观摩学习活动。我在白杨陈村小学工作的一年，就这样在忙忙碌碌中很快过去了。

1961年8月，我被调至更远的周王井夹边村小学任校长。周王井夹边村小学是一所完全小学，全校有十多位教师。学校课程开设比较齐全，课堂采取复式教学的形式。复式教学是二十世纪六十年代由于偏僻农村师资短缺而产生的课堂教学方式。一般来说，村小学生数比较少，同一间教室里会有两个年级或者三个年级的学生，最多有四个年级的学生，所以教师在同一节课中，先为某年级的学生上课，其他年级学生自学或完成其他学习任务，然后依次为其他年级的学生上课。原则上，一节课45分钟需要平均分配给每个年级的学生，所以一名教师要担任多个年级（班级）多门学科的教学任务，对教师的课堂教学组织能力要求特别高。这种情况直到二十世纪八九十年代才逐步消失。复式教学要充分考虑不同年级学生的特点，分配给每个年级的时间要合理，分配给每个年级的学习任务要具体、清晰。比如一年级、二年级、三年级的复式课，先给一年级学生上课，同时布置写字的作业给二年级学生，布置预习的作业给三年级学生；等教完一年级学生后，给他们布置写字作业，再给二年级学生上新课，上完课布置新的作业，然后再给三年级学生上课……如此逐一进行课堂教学。后来，我在桐梓岗负责教学时，春节后开学教师没到齐，为了不耽误学生上课，我把一到六年级所有学生集中到大厅，采用了这种复式教学的方法。

1962年2月，组织把我调到桐梓岗小学任教导主任，主持学校工作。1962年4月，我被派往宣城师范进修，在小教行政班学习高中课程，另外辅修一门行政管理，主要涉及如何做好校长和主任的工作。学习了近一年的时间，1963年3月，学习结束了，我本该回到桐梓岗小学，却被教育局调任县局为扫盲干部，后被杨柳区区委张书记留住不放而没有成行，被改任为杨柳学区辅导员兼会计。随后，我跟着学区舒亚人校长检查全区的教育教学情况，看管理、看教学、看校园环境，筹办校长、教导主任会议等工作。我们跑遍杨柳、周王、扎门、高桥、金坝、桐梓岗、新田、溪口、华阳等地的中心小学。

1963年6月3日，我结婚成家。

三　选调入城　创办学校

　　1963年3月，县委、县政府决定撤销杨柳学区。8月，杨柳中学学区舒亚人校长被组织调任为城关镇学区校长。我和舒校长经过五年共事，双方相处融洽，校长待我如亲弟弟，他向组织申请带我到城关镇学区委以重任，组织上同意了。舒校长几次找我，提出将我带到县城工作，我考虑到爱人没有工作，自己的工资低，在农村工作可以开垦一些荒地、种点庄稼补贴家用，而到县城工作，所有生活用品都要买，生活开支将大大增加，入不敷出。所以，我几次都婉拒了舒校长的美意。8月，我被调到桐梓岗小学。当时有这么一句话："桐梓岗生的苦，四面八方二十五。"意思是桐梓岗距离新田、周王、杨柳、宣城都是二十五里，当时交通极其不便，桐梓岗距离周边都较远，生活非常不便。桐梓岗小学设在祠堂里，比较拥挤，学校规模也相对较小。

　　1963年8月初，我被调到桐梓岗任教，对于组织上的这一决定，我二话不说，回家整理东西，次日一早就和爱人一道搬到桐梓岗小学。

　　1963年8月底，我又被调到新田中心小学任职。一天，我赶到县教育局办事，校长和公社书记再三叮嘱我尽快办完事，必须当天赶回。在县教育局办事过程中，刘景汉副局长看见我，严肃地质问我："为什么不到教育局报到？"我感到莫名其妙。我还没来得及回答，刘副局长立即带我到宣城初中报到。我们到了宣城初中后，刘副局长再三叮嘱该校校长："人，我已送到，先要他协助你搞好开学工作，开学忙完后，再将他全家搬来不迟。不过，你们这几天要解决好他的换洗衣服、生活用品、吃住等问题。"我在懵懂中与刘副局长握手告别。宣城初中校长、主任让我坐下，向我说明了其中的缘由。我渐渐明白，开学在即，县教育局急调我来是参与筹办宣城初中的工作，眼下紧急的是做好学校后勤方面的准备工作。无奈之下，我只好答应留在那里工作，当天下午，我便投入开学准备工作。半月后，我才回新田中心小学搬家。在新田中心小学的欢送会上，校长对我讲出实情：8月初，我还在桐梓岗小学时，县教育局就已经下调令，新田公社压下调令，并将我调到新田中心小学任教，没承想这次被县教育局领导直接送到宣城初中，新田公社提出用两位老师交换才同意我调走。我心情复杂地说："我十分感谢领导的信任。但你们这样做，可把我家人坑苦了——半个多月搬两次家。"公社主任、校长连声说对不起，大家哈哈大笑。

王学思（左一）携岳母、妻子与杨柳小学同事合影

　　宣城初中的校址建在原皖南矿山机械厂，机械厂迁走后交给县政府办宣城初中，同时原敬亭山农业中学（简称"农中"）也搬迁到皖南矿山机械厂办学。另外，原在宣城中学校址办学的耕读中学有两个教学班，因没有独立校舍，暂时放在宣城初中教学，所以宣城初中办学之初，利用皖南矿山机械厂的厂房承办了耕读中学和农中的四个教学班，以及本校从初一到初三的六个教学班，共十个班，这在当时算是比较大的学校了。虽然学校教师资源比较充足，但后勤工作人员紧缺，所以组织上急忙抽调人员到宣城初中开展工作。我调入后，负责管理食堂兼任出纳会计，此外，还卖饭菜票——真是一人干三个人的事，弄得我头痛眼花，晕头转向。一学期后，组织上调来食堂管理员，我深感轻松许多。这是我第一次进现在的宣城二中（即当时的宣城初中，"文革"后改为宣城二中）工作，以后还有第二次、第三次被调进宣城二中工作，这是后话。

　　后来，财贸干校校址移交给教育局办学之用，教育局随即把耕读中学迁入，准备开办农业职业学校。但随着形势的发展，考虑到该校学生毕业后不好安排工作，初中不允许开办职业学校，因此耕读初中被迫停办农校，后来又迁往宣城县峄山公社办学。1963年，在财贸干校校址筹办宣城敬亭初中。1964年5月，我和吴福玉同志赴县教育局报到，同去筹办宣城敬亭初中。吴福玉同志负责教学，我负责后勤。我们两家同住一屋三间房，共用堂间和大门。这段时间宣城初中和宣城敬亭初中的工作我都要做，整天忙得不亦乐乎。我主要做了以下工作：

　　第一，代表学校接收原财贸干校的物品、房屋等资产，照册清点、签字；与相邻生产队和相关社员共同认定划界，打桩定界。

　　第二，依据学校的发展，结合现有条件，确立学校三大功能区，即教学区、生活区、活动区，共占近百亩山地，还留有一百余亩山地、山冲水稻田，作为师生耕作、实验使用；绘制草图上报县教育局审核，动工修建。

第三，申报架电、通水，解决师生用电、用水问题；修建从公路到学校十米宽的石子路，校内的各区域间的六米宽的石子路和各区间一米宽的小道。

第四，根据规划，新建两幢共八间教室的平房，一幢行政办公房，一幢教师办公室。

第五，根据规划，维修师生宿舍、礼堂、饭厅、食堂；新建两个篮球场，配建齐全的高低杠、双杆、单杠、乒乓球桌等体育器械，平整宽近八十米、长约百米的体育运动场地。

第六，赴杨柳、溪口、华阳订购课桌椅、办公桌、双人床等，并确保对方于7月底按期交货。

第七，规定、标明校内两口池塘的使用功能（一口为吃水池塘，一口为其他用水池塘）。

6月，县教育局局长来校检查新学校筹备工作。听完后勤工作汇报，并到实地察看后，十分满意。赞赏了学校布局合理，安排周到，工程进度快而且质量好。然后提出增加两个初一班级的设想。我略作思考后回答，如果能够解决饮水问题完全可以增加两个班级，而饮水问题可以通过在两口池塘的下游，通过筑坝拦水解决。领导当即表态，可以按照此方案执行。

第二天，我们开始着手相关工作，计算来水量和池塘容水量，设计图纸，组织施工。首先，我们在现有池塘的下游建好拦水坝和塘埂，并在塘底铺上五十厘米厚的沙石，然后将现有池塘的水放至新建塘坝中，确保师生有水饮用。开学后，按照图纸，我指导学生将原有塘埂挖去，挖深塘底，同样铺上五十厘米厚的沙石，既增大池塘的容水量，又清淤净化水质。不到半个月，恰逢两场降雨，池塘里蓄满了清澈见底的优质水，真叫人喜欢。历经一个多月，我不仅有圆满完成任务的喜悦，而且充满独创性开展工作带来巨大的成就感。教师、学生坐在宽敞、明亮的教室里上课，心情格外舒畅，同时，师生们吃上了自己种植的各种新鲜蔬菜，心里也美滋滋的。

第二学期开学不久，宣城初中与我校师生进行篮球、乒乓球友谊赛，赛后就在学校食堂用餐。兄弟学校老师和同学吃上我校师生自种的瓜菜，自养的鸡，无不称赞。几天后，宣城初中总务主任带领食堂管理员、师傅等前来我校取经学习。我代表学校汇报了学生参与食堂管理和监督的具体做法，同时又强调"调动师傅们的积极性，挖掘他们的潜能"是办好食堂的根本，吃饭的人和做饭的人共建共创，才能办好食堂。接着，我带着他们参观师傅们自己动手泡制、腌制的一缸缸萝卜、黄豆等。

四 四清运动 初受磨砺

1963年至1965年间，中共中央领导进行了城乡社会主义教育运动。这一运动虽然对于解决干部作风和经济管理等方面的问题起了一定作用，但由于把这些不同性质的问题都认为是阶级斗争或者是阶级斗争在党内的反映，在1964年下半年使不少基层干部受到不应有的打击，1965年初又错误地提出了运动的重点是整所谓"党内走资本主义道路的当权派"。[①]

我掌管两所学校的账目，自然被列为调查对象，好在一方面在学校的调查工作是实事求是的，另一方面我自身没有丝毫问题。最后，我不仅顺利过关，而且得到组织上进一步的肯定和信任。

但是事情发生得很突然。一天，上面来人到学校调查，要求我立即交出账本。虽然全国开展"四清"工作，但是并没有下发通知作具体安排。我虽然觉得莫名其妙，有些蹊跷，但仍然将账本交给组织，随即将情况禀告校长。校长着实无奈："让他们清查去，清者自清。""四清运动"初期，查出我有一笔款项不明确，组织怀疑我

①《中国近现代史纲要》编写组.中国近现代史纲要:2015年修订版[M].6版.北京:高等教育出版社,2015:264.

有"贪污之嫌"。此时，任城关学区校长的舒亚人听说后，愤然说道："如果他贪污，那么所有人都会贪污的。"其实，这笔不明款项的实际情况是这样的：当时一位教师调回广德县任教，需要提前预支差旅费和安家费，当时他向我承诺回广德安家后将票据寄过来，但是迟迟没有寄来。我无法按月作账，无奈之下，开了一张票据，标注缘由作为支出存根，装订在账本里。"四清运动"工作组将这张票据的来龙去脉弄清楚后，并找到当年的那位老师核实。在"四清运动"结束时，工作组高度赞扬了我的工作精神，并且还我清白。

这件事情虽然过去了，但扪心自问，我做事勤勤恳恳，平时在工作中没有丝毫懈怠，却遭受这样的侮辱，不免有些情绪。当天，我回家后愤怒地用斧头将我的会计用章劈开——我坚决不干会计了！这件事情惊动了敬亭初中校长陈海波和"四清运动"组长侯邦宇，他们一同来做我的思想工作。我讲出内心的真实想法："我本是教师身份，应该教书，不是会计专业毕业的，组织上要我做会计，让我放弃了我原有的职业兴趣，其实我内心很是难受。如今又出这样的事情，证明我心肠太软，又缺少经验，我想继续当教师。"虽然他们百般劝说我："通过这件事情，组织上更加信任你，也知道你政治背景十分清楚，你这是因祸得福啊。"但是我心意已决。后来，学校调来新的会计，而我被任命为学校后勤副主任，兼任学校劳动生产指导教师，指导学生种植农作物和饲养牲畜。在我的指导下，学校农场办得如火如荼，每逢收割农作物的季节都呈现出一派丰收的景象。我常常还允许学生带红薯等农产品回家，我得到学校领导、同事、学生家长、学生的一致好评。我能直接教书，也可以说是因祸得福。

另外一件事情也说明我心肠太软，不适合做出纳会计。

组织在调我离开宣城初中，我办理移交手续时，发现粮票少三百斤，人民币少一百二十元。我慢慢回忆，陈年旧事浮出脑海：我作为出纳，从会计那儿领了三百斤粮票，过了一天胡会计说我没有开收据给他，双方争执不下，领导也不好裁定。第二天，我想到他年纪大，心肠一软，又开了一张给他。当时，宣城初中的校长和主任安慰我说：不要紧，我们听说了，你是新手，你先打张欠条，待日后处理。这次账目上少钱、少粮就是这么造成的。在"四清运动"中，胡会计也交代了此事，他说因为家庭困难才想出这个办法贪污了公款，伤害了同志，他因此被处分。

我在两所学校做会计和出纳时，也发生过令我感动的事。

我在敬亭初中做会计期间，做事谨慎，每天晚上睡觉前都会核对往来账目，力求准确无误，但是每天工作繁琐，难免百密一疏。一次，我在给建筑工人发工资的时候，误将一沓20元钱当作10元钱发给工人。晚上，我反复核对账目，总是对不上，苦思冥想也不得缘由。当时，我每月的工资只有29.5元，如果这笔账少了100多块钱，意味着我三个多月的工资就没有了，况且我的家庭经济条件不好，我每月的工资只能勉强维持全家的生活开支，这势必会令家里雪上加霜。想到这，我一夜没睡。第二天清晨，建筑工程队的工头找到我，调侃地问我："昨晚没睡好觉吧？"然后，他把多发的钱如数奉还，我这才反应过来，如释重负。我们因为这件事情结下了深厚的友谊。

总结这一年多来的进城工作，让我感慨万千。

在我毫不知情的情况下，县教育局领导强行送我到宣城初中工作。在我十分不情愿的情况下，校领导"硬磨死缠"要我承担食堂管理员、出售饭菜票、出纳会计三项工作，这是极其不合理的分工，不但事多、繁杂、责任大，而且不符合财务管理制度，但出于大局意识也只好违心接受组织安排——早上为食堂购菜、购物，中餐、晚餐前后出售饭菜票，晚上整理票证、点好钱、记账、作账，每天忙到晚上十二点左右，累得头昏脑涨，连觉也睡不好。我在离开宣城初中移交工作时发现问题，尽管多次要求领导澄清，都难以得到准确答复，还是在"四清运动"中，通过调查、审核后方才有了公正的结论，组织上给了我"账目清楚无误，做事认真诚实，是可信任的好同志"的评语，方才还了我的清白，同时也弄清了告我黑状、害我的人。他俩一个被撤职，一个降职调出。当时我忘我工作、吃苦耐劳的精神，受到领导和广大师生的认可，最后学校也满足了我不干会计当教师的愿望，这真叫坏事变好事。通过这些事，也说明勤奋工作和诚实为人是立事和立世的根本，这或许就是我的家风。

五　"文革"袭来　多重考验

　　毛泽东发动"文化大革命"的主要论点是：一大批资产阶级的代表人物、反革命的修正主义分子，已经混进党里、政府里、军队里和文化领域的各界里，相当大的一个多数的单位的领导权已经不在马克思主义者和人民群众手里。党内走资本主义道路的当权派在中央形成了一个资产阶级司令部，它有一条修正主义的政治路线和组织路线，在各省、市、自治区和中央各部门都有代理人。"文化大革命"实质上是一个阶级推翻一个阶级的政治大革命，以后还要进行多次。上述论点曾被概括成为所谓"无产阶级专政下继续革命的理论"。他在晚年提出的这些理论及其实践严重地背离了客观实际，明显地脱离了毛泽东思想的轨道，并被他重用过的林彪、江青、康生等人所利用。

　　…………

　　1965 年 11 月 10 日，姚文元的文章《评新编历史剧〈海瑞罢官〉》在上海《文汇报》发表，成为毛泽东发动"文化大革命"的导火线。

　　1966 年 5 月，中共中央召开政治局扩大会议。会议通过的《中共中央通知》（即《五·一六通知》），系统地阐发了发动"文化大革命"的主要论点。会议还决定设立"中央文化革命小组"。这个小组被江青等人把持，实际上凌驾于中央政治局之上。随后，由毛泽东批示在全国广播了北京大学聂元梓等人攻击中共北京大学党委和中共北京市委的大字报，对于鼓动许多城市的大中学生"踢开党委闹革命"起了推波助澜的作用，许多学校的党组织陷于被动以至瘫痪。[1]

1967年春节后，县委的同志通知我到县武装部谈话。县武装部部长听完我对学校近况的汇报后，要求我谈谈关于学校红色政权建设的意见，并表达了组织上让我担任学校"革委会"主任的想法（当时称学校校长为主任）。我谈了自己的看法，并再三要求，由原校长陈海波担任主任，自己积极配合他工作，我不担任主任。部长点头默许，并要我代为通知陈海波校长到县委谈话。

几天后，县委宣教处召开的会议上，组织宣布了各个学校"革委会"正、副主任的任命决定，我被任命为敬亭初中"革委会"副主任，给我们的头等任务就是恢复学校的正常教学秩序。

我们返校后，一面抓好校内设施设备的修复、整理工作，一面通知广大师生于1968年5月3日前到校上课。通过我们与教职工谈心，大家逐渐放松和开朗起来，谈笑声也慢慢多了起来，大家坐到一起谈心、交流。开学时，我们尽可能地安排好学生的报名、住宿、吃饭等工作，要求师生之间、老师之间、同学之间相互尊重、团结友爱、爱护公物、爱护学校。

开学后，依据上级要求，也是为维护正常的学校教育教学秩序，

---

[1]《中国近现代史纲要》编写组.中国近现代史纲要:2015年修订版[M].6版.北京:高等教育出版社,2015:265–266.

每天上午上课，下午办"火线"学习班。学校连续举办了三期学习班，效果不错，取得校内大团结的新局面。

1968年12月，毛主席发出"知识青年到农村去，接受贫下中农的再教育"的号召，全县上下积极行动。我校首先做好应征入伍学生的报名、体检工作，并隆重举行蒋炳南等十五名应届生光荣入伍的欢送仪式，影响大，声势大，社会反响良好。接着，我们先后分四批欢送学生去农村插队落户。

1969年，城市学校下迁农村。按照县委、县政府的意见，我校下迁到金坝、团山公社分别办学，这项工作难度不小。做好这项工作的关键是做好教师的思想工作，解决教师的实际困难，动员教师根据自身情况选择其中一地教书。为确保金坝、团山公社的学校新学期正常上课，我和陈海波主任到两地学校检查开学准备情况。在听到教师"你们领导留下，把我们赶到乡下来了"的抱怨声时，一方面我们心里很是不舒服，另一方面我们三年来与教工结下的深厚感情的确难以割舍。我们理解教职工的情绪，更不会置身事外。检查工作结束后，我主动向县里递交申请报告，要求到最艰苦、最困难的金坝公社去，和教师一道创办金坝中学，领导拍板叫好。这消息很快传到教师耳中，大家感到心悦诚服。我的做法稳定了教师的情绪，巩固了工作成果。

我毕业以来，忘我工作，一身正气，无所畏惧。从农村到县城，一路坎坷，历来都是工作第一，生活、家庭第二；再从县城到农村工作，也是义无反顾，全力以赴。

我在敬亭初中工作期间，有很多事情难以忘怀。

"文革"中见到毛主席。

在毛主席亲自接见来自全国各地红卫兵的喜讯中，我和陈海波校长被选为"敬亭山师"教师代表，于1965年10月的一天晚七点半，到宛陵剧场参加县委"热烈欢送宣城赴京见毛主席代表团大会"。县委宣传部部长主持会议，县委书记致欢送词。次日清晨五点，我们在西门乘车，街道两旁站满了欢送队伍，鞭炮齐鸣，锣鼓喧天，我们在欢呼声中出发了。我们从芜湖过江乘火车，到徐州转车到北京，又乘军车到香山部队营房住下。

为了各地代表团有序到天安门广场接受接见，第二天我们按地区被编成横竖为二十四人的方队，连续五天练队形，练挥手动作，倍感劳累，第六天领导检查合格。第七天早上三点半我们就起床了，吃完早饭带上干粮到达集合地点时。天刚蒙蒙亮，我们排成方队汇入纵队。我们的队伍走在大街上，前不见头后不见尾，好似一条巨龙游向天安门，人人兴奋激动，街道两旁全用芦苇作围墙搭建了临时厕所。不一会儿，方队之间开始拉歌，你来我往，一浪高过一浪，唱的都是毛主席的语录歌，谁都不疲劳，兴奋异常。我们刚走到西直门，就听到高音喇叭宣布：今天毛主席的接见到此结束，各队就地撤离。我们才发现只知道跟着队伍走，兴奋地唱歌，连午餐都忘了吃。我们转到旁边的一条街道上车，车开到香山部队营房时已是晚上七点十分了。晚饭后，我倒在床上一直睡到第二天天亮。

几天后，领导安排我们乘车去天安门见毛主席。每排八辆军车前后组成一个方阵，车与车前后左右定的距离都有规定。每辆车用木棍分隔成四十二个方格，每人站一个方格，我站在第一辆车第一排前面的方格里。天刚亮，前不见首后不见尾的车龙，整齐地、平缓地向天安门广场开去。一路上，我们不停地高唱着毛主席的语录歌，歌声、笑声响彻云霄。上午十一点时，广播通知：各参见队伍原地就餐。大家纷纷下车、吃午餐、休息，这才发现，我们已到西直门，快看到天安门了，大家欣喜相告。转眼间，广播通知：大家上车！检阅马上开始。我们连忙上车，并叮嘱师傅开慢点，讲着讲着车已到天安门前的金水桥旁。我们顺着毛主席巨幅画像朝上看，我不由自主地叫道："毛主席——毛主席——"毛主席正和周总理在交谈，他转过身，正好与我们正面相对。毛主席满面红光，慈祥微笑，看着大家，不断挥动右手向我们示意。大家沸腾起来了，满含着热泪齐呼"毛主席万岁！毛主席万岁！"我们不停地呼喊着。紧接着，我们看到林彪、叶剑英、朱德等中央领导人，刘少奇也站在前排最边处，边挥手边向我们致意。车到东直门时，我就跳下车，向电报亭跑去，争取在第一时间向广大师生发电报报喜，同享一生中最大的幸福。

数日后，连队派我进城办事，我提出再看看天安门，领导批准。清早，我坐车进城，办完事后转车到东直门下车，刚步入广场，被拦在人群之中，不得走动，大路两边面向群众各站两排解放军战士，筑成两道人墙，内侧不时开过巡逻警车。正不知何故时，突听到远处传来"毛主席万岁"的欢呼声，紧接着，二三十辆军用摩托车整齐、缓慢地开过来，说是毛主席来了。我踮着脚、跳着脚看，接着人群爆发齐声欢呼："毛主席万岁！毛主席万岁！"只见毛主席站在敞篷车上，不断向群众挥手致意，紧跟在其后的军用吉普车上是林彪副主席，也向群众微笑致意，后面紧跟着八部军用轿车，最后两辆军用大车上站着威武的中国人民解放军战士。车队过去后，大家仍然处在高度兴奋中。撤除警戒后，我走到金水桥前，静静地凝视着毛主席画像，从内心深处感到毛主席的英明、伟大。我返回营地后，向大家诉说了此事，领导、同志都为我感到高兴。

六 下迁金坝 特色办学

1969年，按照上级组织要求，敬亭中学下迁到金坝和团山公社办学，为了安抚教师情绪，我毅然向组织申请下迁到金坝，和老师们一道创办金坝中学。按照当时的政策要求，由金坝人民公社贫下中农管理委员会管理学校，当时只能任命我为宣城县金坝中学"革委会"副主任，并主持学校工作，兼宣城金坝人民公社教育革命领导组组长，负责全公社中小学学校工作。

金坝初中是在金坝小学校址上创办起来的。学校在公社大院北面的山坡上，坡下是学校和附近住户共用的吃水井，一条土路自坡下直通校园，顺路而上三四十米便到了学校门口，没有校门，路的右边有供教师居住的六间土墙茅草房，左边是拟作食堂操作间和饭堂（兼作教师会议室）的四间砖瓦平房，走过这排平房，有一块长约四十米、宽约二十米的平地，穿过平地再上十二级台阶，就到一排六间教室的砖瓦平房，再向北就是一望无际的荒草山冈，校园向东约一百五十米外的山坡下是山冲水田、水塘和村庄，向西约三百多米的山坡下是山冲水田和水塘。学校的办学条件极差，但是学校向东、西、北三个方向拓展的空间很大。

全面了解情况后，我向教育局领导汇报了两条意见：一是为了招收的四个班学生能在新学期正常上课，急需解决教师住宿、食堂和教师办公室等最基本的设施；二是要专门研究学校办学规模和发展方向。同时，我向县领导作了全面的报告，领导十分赞赏地说："在办学条件差和困难重重的情况下，还坚定了办学的信心，精神可嘉，比其他下迁的学校都强。"开学前一周教师宿舍尚未竣工，教师已经到校。我把成家的教师安排在六间土墙茅草房住，单身教师安排在四间砖瓦平房的东西间开地铺住下，中间两间做教师办公室，师生临时在公社食堂就餐。县、公社领导也赶到学校看望老师，鼓励大家克服暂时的困难。

当时，金坝中学规模不大，每个年级两个班，一个班大概有五十人，全校有三百名左右的学生，由敬亭初中下迁到金坝中学的教师大概有二十位。后期办学规模不断扩大，每个年级四个班，全校十二个班共七百多人。

开学了，学生兴奋地走进教室："我们终于可以读书了。"在一片欢悦的氛围中开学了。我巡视校园：课堂上，教师认真讲课，学生认真听课；下课后，气氛活跃、欢快，教师工作的干劲越来越浓，我感到高兴和欣慰。在随后的两年中，学校新建了一幢有八间教室的平房，一幢有六间实验室的平房，两幢有三十二间房的教工宿舍，建了专用的食堂、餐厅。理化生实验课能正常进行，教师能分科教研和分年级办公，教职工都住上了新房，师生在本校食堂吃饭。学校有三个年级十二个班，学生七百余人，教职工三十二人，初具规模，成为当地城里下迁学校中办学最成功的一所学校。

当时，在基础教育阶段明确提出了"以学为主，兼学别样，学工学农学军相结合"的指导思想，学校教育不但要教文化知识，还要带学生学军、学工、学农。为更好全面贯彻党的教育方针，坚定走"五七"道路，1969年10月，宣城县教育局组织学校负责人到淮北、明光参观学习。

面对金坝中学当时学生毕业后只有极少数学生考上高中，绝大多数学生毕业后回家务农的现实状况，我思考：初中毕业的学生回家务农能做什么？能否在学校习得一技之长？同时，结合我校周边荒山多、地处农村的实际情况，我提出培养农林职业方面人才的办学思路。这既响应党的方针政策，也给初中毕业生更多的谋生出路。这实际上就是二十世纪八十年代提出的职业教育问题，事实是当时也有职业技术学校，但是办学力度很小。

王学思（第二排右四）参加金坝中学首届毕业生合影

我结合当地荒山多、红壤多的特点，通过进一步研究明确了学校开办农场和开辟茶园的方向，把初中毕业没有考取高中的学生留在学校继续接受种茶、制茶、种农作物等技能教育。我把这种办学思想上报到金坝公社党委、宣城县教育局和林业局，得到大力支持。金坝公社决定在胡林大队划一个荒山冈，一条荒弃的山冲水田作为学校的学农基地，把公社农机站、机械修配厂作为学校学工基地。随后，林业局下达批文，拨给我们荒山、土地，县教育局分配了两名农业大学茶叶专业毕业的夫妻来校担任专业教师，两名专业教师为后来的茶叶大丰收做出了巨大贡献。

学校研究后决定各班学生每周参加半天劳动。具体安排是：初一、初二学生参加学农基地劳动，初三学生参加学工劳动。各班由班主任带队，授课教师随班指导。我全面负责安排检查，及时通报劳动成果，学期末专项小结，以起到扩大劳动战果，不断提高教学效果的作用。经过近两个月的艰苦奋战后，学校种茶百余亩，栽树万余棵。在一名农民的指导下，筑坝蓄水，确保了七亩多的水稻田用水，当年喜获丰收。县林业局技术员来校检查验收后说"布局合理，安排得当，值得推广"，并把学校确定为宣城县林业示范学校。

1974年10月，县教育局在我校召开表彰先进集体现场会，与会者看了百亩绿油油的茶山，万余棵一丈多高、碗口粗的檫树，惊叹不已。走到山冈下，又看见一块块梯田里丰收在望的水稻。冯立强局长边走边说："这一望无际的茶园和丰收在望的水稻，就是金坝中学师生们'敢教日月换新天'的精神换来的，也是'大寨精神'在学校的具体体现。"1975年，我校又荣获省先进集体的光荣称号，我作为代表出席了安徽省先进集体表彰大会。

恢复中考后，我们狠抓教学质量。我校几届毕业生，根据住地分别参加杨柳、双桥中学高中招生考试，届届都是百分之百被录取，这两所高中都感谢我校为他们输送了一批批优秀生，而且我校的这些学生进入高中后，也成为各班级的骨干学生。在抓好教学工作的同时，我还积极开展体育活动，利用可利用的条件，因陋就简，定期举办金坝公社中小学田径运动会，同时每年参加宣城县南片中小学学生田径运动会。每届田径运动会，我校单项奖、初中总分均为第一，并荣获先进集体的光荣称号。在县体委的推荐下，我校初中部男篮与宣中、孙埠、杨柳高中部学生举行校际对赛时均获胜而归。

初中生球队打败高中生球队，这在社会上产生了较大的反响，我们得到县体委的嘉奖。

金坝中学创办以来的这些年，在落实党的教育方针、教学质量、学生体育活动和教学成绩等多方面都取得了显著成效，在县内迅速形成良好的影响，为当地老百姓提供了优质的教育。

转眼间，我在金坝已经工作八年了，除了要负责金坝中学的工作，我还肩负着全公社的教育工作。每年，我制定全公社中小学教育教学工作计划，安排教育教学工作检查，开年终教学工作总结表彰大会，当公社党委的参谋。每学期，我都召开公社全体教师的开学工作会议，提出工作意见、工作要求，确保全社中小学校准时开学。每学期，我还赴全社中心小学、完全小学、村小检查教育教学情况，察看校园，检查作业的布置和批改情况，深入课堂听课并与老师交流，与生产队协调解决学校的问题，协助公社做好老师的调动工作和思想教育工作。多年来，我不仅做好了金坝中学的各项工作，还与全公社的中小学教师打成一片，相互尊重、相互支持，受到了乡亲们的褒奖和拥护。在艰难困苦的时期，我为农村教育作出的巨大贡献和卓有成效的努力，一生都难以忘怀，也深感荣耀！

金坝中学的特色办学得到县里、省里的高度肯定，县里、省里陆续召开表彰大会。一时之间，金坝中学成为教育战线的办学典型，我个人也多次受到表彰。必须强调，事业上的任何成功，既来自个人的奉献，又离不开团队的拼搏奋斗，更离不开各级领导的支持和关怀。

这期间发生了很多令我至今难忘的事。

开荒种茶

1969年，我赴明光、郭庄参观返校后，更加坚定了我校走"五七"道路，培育又红又专人才的思想。我提出了建设"学工学农"示范学校基地的蓝图，得到公社党委的大力支持，划定了学农学工基地，并与梅村驻军商定，确定驻军基地为学校"学军"基地。通过多次努力，学校争取到了县林业局的大力支持。我们用半个月的时间，将整个山冈荒地深耕深翻。根据各班每周半天劳动课的时间，我组织师生上山，挥动自带的二齿铁锄，将大的土块翻起打碎，不怕手磨起水泡，不怕皮肤划破流血，只知埋头苦干，你追我赶，不甘落后。接着，我借助道路将地分割成十二个大的地块，划上种茶的标志线。我还带领师生修路，挖出种茶的条条深沟，带领师生挖草皮、烧土灰，挑灯夜战，还挖塘泥翻烂泥，肩挑人抬，把这些都作为底肥填在茶沟里，下足基肥。入冬后，将条条茶沟里的塘泥敲碎，再种上茶籽，盖上草皮灰和土壤，最后在茶园四周挖好植树的坑，准备来年春天栽上县林业局送来的树苗。就这样，我们整整干了一个学期。在那些劳动的日子里，师生们的歌声、笑声、劳动的号子声，响遍了农场和校园。师生们劳动热情高涨，洒下汗水，播种希望，我们是一个团结向上的大家庭。当地的农民们也夸奖我们"真是好样的，干啥像啥"。是啊，在校像老师、学生，认真教书、学习；在农场像农民，认真种庄稼。这就是那个时代的精神：一切为了革命，不计个人得失和名利，不怕苦、不怕累！

第二年下半年，通过县林业局领导和技师的检查，确定我校为县林业局开荒造林种茶的示范点。我校受到县领导、县教育局、公社领导的高度赞扬。

赌塘漏

记得有一年谷雨之际，稻种播撒到秧田后正发芽露出黄青色。一大清早，学校农工匆匆忙忙赶到我家，告诉我农场的塘坝漏了。我立即一边叫他拿上工具，一边赶去敲打紧急集合的校钟。我等不及师生集合，就向学校农场跑去。我看到一股股清水从洞口涌出，十分心痛，矮丘山冲的农田就靠最上端水塘里的水浇灌，这是春耕的救命水啊。农工和七八位老师挑着筐、带着揪等工具稍后赶到。我一边指挥农工带老师铲草皮块，指挥两位教师将一块大青石板抬来，一边脱去棉裤、棉袄，穿着短裤下到冰冷刺骨的水里，将漏水的洞口清理好，和另一名下到水里的老师将青石板堵在洞口。水不再哗哗地淌了，我们将石板压实，在石板四周及上面压上大的草皮块，一层一层压，压了三四层，直到水不再流，才安心放手。我上岸后才感到特别冷。老师们在晨光下露出胜利的微笑，我让老师们赶快回学校上课，自己和农工又将冲毁的秧田、秧苗修补好。我俩发现沟里有不少冲下来的小鱼和泥鳅，捉了小半桶，交给学校食堂师傅加工。晚上和老师、农工一起围坐桌旁，美美地喝着酒，吃着鱼虾，庆贺了一把。

制　茶

在县林业局的支持、帮助下，学校建了有四间草房的茶厂，配齐了制茶工具。我带着两名学生赴海口茶农家，学习制茶技术。整整一个星期，我们专心学习制茶技术。回到学校后，我们开始了采茶、制茶的艰难摸索历程。

1975年清明时节，我们开园摘茶。新茶园前四年要以养棵为主，采摘新叶要小心适度，尤其第一年采摘应采上不采下，即只采茶棵上部新春发的嫩叶，茶棵四周的嫩头不摘，这样做可使茶棵低矮枝多，来年嫩茶更多。正确的采茶方法是保证茶叶质量的重要前提，我派专业老师到各个班级教学生采茶，关键是教学生用拇指和食指轻轻捏住嫩茶茶梗部，手腕向上翻、提、断，严禁用二指将茶梗捏断。采摘下来的新叶务必放入透气的篓或篮内，而且不能压，否则青叶发热烧坏，影响新茶品相，降低质量。采摘回来的茶叶撒开摊在摊席上，绝不能堆压。晚上，按制茶工序，我手把手地教学生制茶。

第一道工序是刹青。把大锅烧热，倒入青茶，右手五指分开伸直，半转手腕抓茶叶，放在左手颠抖入锅，右手继续在锅中搅动茶叶，再抓一把翻转、颠、抛，连续多次，直至茶叶变软，然后快速地将茶叶铲到簸箕里，撒到席子上散热，严防茶叶堆压。我和学校农工在一旁对学生及时指点，严格把关。

第二道工序是手工揉茶。双手抓一大把刹青后的茶叶，将茶叶窝成团，在条扁上以转圈方式搓揉，直到茶叶揉成团形。

第三道工序是烘茶。将揉好的茶团抖开，均匀地撒在烘茶器上，不断翻动，直到叶片烘干。

第四道工序是精心加工。将已烘干的茶叶倒入烧热的扳锅内，扳锅是圆锥形的，上口直径约三十厘米，深约三十五厘米，底部有碗口大。锅烧热后，用手掌压着茶，贴着锅，上下压擦，反复做，直到茶被滚动成黄豆团粒的形状为止。

我们第一次教会了十五名同学。开始试制茶叶了。我和校工师傅"把守"第一、四道工序，选两位学得比较好的学生"把守"第二、三道工序，边让学生做，边及时指导。历时两个半小时的劳动，试制完成了，学生也基本掌握了制茶技术。我们喝着自种、自制的新茶，感觉特别香甜可口。后来，我们又指导学生使用机械炒茶、揉茶。

回忆起我在金坝中学工作的八年时间，从创业到明确办学方向，再到办学实践，全体师生上下一心，艰苦奋斗，取得了优异成绩。这其中既有陶行知的"从做中学"教育思想的影子，又有办好乡村教育的情怀，更有对学生、对工作的负责和对党的教育事业的无限忠诚。我永远把工作摆在第一位，个人名利、家庭和孩子永远放在后面。应该说，经过这段时间的锤炼，我已经成长为一个敢作敢为，善于谋大局，能处理大事、难事，比较成熟的校长了。

七　急调水东　淬火成钢

水东位于宣城县东南部，与宁国县、郎溪县、广德县交界，处于皖南丘陵山地西北侧，是山区与平原的过渡地带，民风比较彪悍，地方意识比较浓厚，似乎还有一点排外思想。同一地方并存两个同等行政级别的管理单位，一个是水东人民公社，主要管理农民、农业生产，另一个是水东镇人民政府，主要管理水东街道。水东中学属于水东人民公社管理，与属于水东镇人民政府管理的小学（也办有初中班）同在镇上的原天主教堂办学，由此产生的矛盾、纠葛错综复杂。水东中学是一所集初中、高中于一体的完全中学，是全县八所完全中学之一，号称宣城县教育的"八大军区"之一，教育教学业务、领导选任、人事资金都由县教育局管理，党务等由地方管理。

1976年，学校下迁工作结束，我被调往宣城实验小学"革委会"任主任。我到县教育局报到的第二天，教育局冯局长找我谈话。局长充分肯定了我这么多年的工作态度和工作成绩，也向我介绍了水东中学当时的局面和巨大困境，组织上经过慎重考虑决定调我到水东中学任第一副主任，并向我承诺两年后调我回县城工作。我望着局长焦灼的眼神，感受到他的诚恳态度，又一次在即将到县城工作时服从了组织的安排，临危受命，被派到宣城县东南角的水东中学工作。

当天中午，我赶到水东中学了解情况。

水东中学原系芜湖一中下迁新办的一所完全中学，芜湖一中老师已经全部迁回芜湖。学校教学设备损坏、丢失严重，整个学校秩序混乱。

我连夜赶回金坝家中，彻夜难眠。

第二天，县教育局正、副局长又赶到我家，进一步做我的思想工作。肯定我肯吃苦、能力强和忘我的工作精神，深信我能治理好学校，并向我郑重承诺两年后将我调回县城。面对领导的信任，我强忍委屈的泪水，只好服从组织的安排。翌日，局长送我上任，我先到水东公社党委报到，再到学校与教师见面。见面会上，局长宣布我担任学校第一副主任，并主持学校工作，工宣队刘祖祥同志和农宣队柏松林同志协助我工作。水东公社党委书记宣布抽调原副主任下乡蹲点。

当时，水东中学有两大问题十分突出：第一个问题是混乱。因为水东中学是芜湖一中下迁而开办的一所学校，芜湖一中的领导和老师大多调回去了，学校领导班子人员配备不齐，没有一把手，仅有的副主任是部队退役的老干部，似乎既没有管理经验，也没有管理魄力。学生打架、逃课经常发生，少数调皮的学生还威胁老师，老师不敢管，没法管，更没有办法上课，整个学校毫无教学秩序可言。第二个问题是水东中学和水东小学都在天主教堂办学，而水东小学既有当地最大规模的小学，又有当时被大家称为"戴帽子初中"的初中部。当时天主教堂场地小，两所学校分属水东公社和水东镇管理，相互干扰，矛盾重重。

我在水东中学工作的八年，所有的工作自觉不自觉地都围绕解决这两个问题展开，既有轰轰烈烈的壮举，也有悲催感伤的曲折，更有办学成绩的自豪和喜悦。

上任第二天的清晨，我刚打开家门，就有十几位青年闯进我家，手指着我说："你就是新调来的什么姓王的主任吧，我们得叫你王副主任吧？"我严肃地扫视他们说："有什么事到办公室说，请离开！"我转身漱口去了。我洗漱后回到房间时，他们都走了。汪老师赶来告诉我："他们都是高二学生，很调皮。我还以为是来闹事的，谁知，他们被您一句话就打发了。"面对现实，我深知肩上的担子异常沉重，决定逆风而上，破浪前行。

班子团结、目标统一是办好学校的关键。在第一次校委会上，我向大家讲述了早上发生的事，我深感担子重、责任大，也深信大家比我体会更深。我向大家提出了"学校怎么办""向何处去"的问题，请大家各抒己见、献策献计。沉默片刻后，大家你一言我一语地讲了各自的感受，都感到学校已经到了非抓不可的地步，否则我们将成为历史的罪人。经过讨论，大家都表示要团结奋战、从严治校、弘扬正气，一定把学校办好。

开好师生大会，打好开学第一仗

"开学师生大会"，为整顿校风大造声势，地点安排在校园内天主教堂大门前的空地上。工宣队队长刘祖宏主持大会，请校"革委会"领导上台就座，集体亮相。"欢迎王主任讲话！"在七零八落的掌声中，我跨步走到台前，双目扫视全场，当嘈杂声渐止时，我朗声说道："我是第一副主任，主持学校工作，特请大家听我口令——起立，立正！各班以第一排为准，向前看——齐！"我手指着不到位、不整齐的队，喝令纠正。全场肃立安静后，我明确提出今后全体学生集合时，队伍必须整齐。然后，我请全体同学坐下，全场鸦雀无声，我开始了面向全体学生的首次讲话。"水东中学是芜湖一中下迁办起的一所极具影响力和威望的完全中学，芜湖一中比宣城中学的声誉好、影响大。你们身在该校读书，应感到光荣和白豪。但现在，大家比我更清楚学校的状况。请全体师生想想'学校要不要办？怎么办？'"稍作停顿后，我斩钉截铁地说，"学校不但要办！而且要办成全县一流的中学！首先，需要全体师生大张旗鼓地'弘扬正气，齐心协办'……"我紧紧围绕学校要什么风气和不要什么风气，在学风方面联系实际讲明、讲透、讲狠，明确阐述了从整顿"三风"（校风、教风、学风）开始把学校办成党所期待、人民欢迎的学校的工作思路。接着，师生代表发言，主持人最后强调各班以主任提出的"三风"整顿，联系实际召开班会。

会议历时一个半小时，产生了良好的效果。师生们都感慨地说：这是学校从未出现过的成功大会，既触动了大家的灵魂，又让大家明白了是非，深受教育。家长们听到孩子们的讲述也感到高兴，说学校有救，学生有望。在公社召开的党支部书记、大队长会议上，我都要求党委要大力支持、关心学校。

趁热打铁。班会课时，我与工、贫队长，教务处、总务处两处主任，各到一个年级参与、察看学生的发言情况，对迟到、不守纪律的学生及时给予批评、教育，把个别认识不足的学生留下来，进一步对其约法三章。凡是三次违规、迟到的学生，请家长来校说明情况。晚上的教师会上，我表彰了教学认真、敢于管理的老师，提醒精神不佳、课上放"牛"、怕事的教师要端正态度，会后个别交流。这些工作让师生感到"学校来真的了"。

1976年9月9日，毛主席逝世的噩耗传来，学校师生万分悲痛。为进一步激发师生情感，我决定连夜在八间空着的厂房内设水东地区最大、最庄严肃穆的毛主席灵堂。灵堂中央悬挂巨幅毛主席画像，相框披着黑纱，两侧配上对联，遗像前分高中低三层，布满了盆栽的青松翠柏，两侧陈列着一排高一米五左右的青松、翠柏，一直延伸到大厅的门口，青松翠柏上扎着许多学生亲手制作的小白花。配上灯光、播放哀乐，现场气氛十分肃穆。

9月10日下午，师生们自觉戴上黑纱，胸前别上小白花准时参加学校举办的追悼大会。会上，师生大赞毛主席的丰功伟绩，大讲毛主席的英明、伟大，大颂毛主席是我国人民的大救星，是活在我们心中永不落的红太阳，表示要永远牢记毛主席的话，做毛主席的好学生。全场响起哀乐，大家按班级顺序步入毛主席灵堂大厅，全班站立在毛主席像前默哀、鞠躬并绕遗像一周走出大厅。广大师生无不流泪痛哭。同学们回到班级后，纷纷表示要听毛主席的话，当毛主席的好学生。水东公社，一些大队，镇上的单位、街道也前来追悼致哀。这项思想教育活动，在水东地区影响大，受到了群众极好的评价。

通过这次师生大会活动，学生的思想进步了。几个月后，校园里听不到喧哗，看不见打闹，教师认真上课，学生认真听讲，一个健康、积极、向上，学风越来越浓的学校逐渐呈现在人们眼前。

学校搬上黄土山

一个天主教堂房舍，一所完全小学和一所完全中学在其中办学，既拥挤、无发展空间，又相互干扰。我主动要求将水东中学整体搬迁至水东镇外的黄土山上，但是困难重重。在领导的支持下，我们开始了艰难的搬迁工作。

首先，我做好学校与周边生产队的分界工作。黄土山在水东镇的东北侧，属于黄土矮丘地貌，属于东西延伸、南北呈U型的黄土矮丘，东高西低，依次是谷间旱地、大塘和冲田，在旱地和水塘之间有涌泉流出，流入水塘。那里人多是附近农民开垦的自留地，也有很多坟茔、荒坡，当地人一般避之不及。察看完地形，大家商量确定学校范围：东、南、北以冈丘流水为分界，西到水塘下的土路，连直线至南北冈丘分界线相接。大家商定后又到实地勘测，当场商定不太明确的地界，现场埋下桩点，以两点间直线为界。水东公社领导当场叮嘱秘书，立即下文将黄土山划给水东中学作为办学校址。现场将商定的地界写成协议，学校和大队分别签字，公社见证。不久，县教育局冯立祥局长来校检查工作时，我先汇报了学校"三风"整顿的成果，后到学校新址介绍学校建设规划：山坳旱地开辟成田径运动场和篮球场、排球场，水井、水塘的北侧建食堂和活动大厅，南面的冈丘为师生生活区，北面、东面冈丘为教学区。他称赞地说："小王，您真有魄力，像办大学似的，看后令人振奋！"

其次，我做好了教职员工的思想工作。新校址位于水东镇东北的荒山上，此处曾经是枪毙人犯的刑场，更是多年的坟场。老师们都住在镇上，家属上班、孩子上学和家庭生活都极为方便，搬迁学校给他们带来极大麻烦。为做好表率，我返回金坝，将全家迁于黄土山居住。偌大的荒山上只有我一家居住，每天山上、山下跑，经常夜里开会、与教师谈心后摸黑上山回家，家里人担惊受怕。教师们很受感动，半月内，当地两户教师和外地八位青年教师撤离天主教堂校址，搬到山上新校址。

国庆节假期来临，大家决定利用三天假期正式迁校。先将仪器、图书资料装进箱，打成包贴上封条编号。我对参与搬运的教职工作出明确的分工要求。又将新校的各类用房安排好，清扫干净，贴上标志，避免混乱。于10月1日清早将一件件、一包包资料、物件装上车，将橱柜、櫈、办公桌装上车，一趟又一趟来回搬运，仅仅一天就完成了搬运工作。次日登记造册，将图书、仪器陈列好。经对照新老登记册，发现仪器丢失一部分，剩下的有些损坏，有些不配套。一些贵重、有价值的书全部遗失，各类词典全无，仅存一套线装的二十四史。仅有的一台钢琴已损坏，后来芜湖一中愿用六台风琴换回这台钢琴。整体看来，这次搬迁仪器、图书损失惨重，无法估算。

10月3日，学生到校上课。我首先发动学生将自己的课桌、凳子搬到新校自己上课的教室里摆放整齐。再将室内外道路、场地清扫干净。10月4日，新校正式上课。"山上空气新鲜，视野开阔，教室明亮，开心"成为师生共同的感受。

是非分明，整顿师风

一次，学校正开校务会时，我看见某老师在操场上手指着王老师边走边说着什么，忽然两人拉扯起来，我赶忙跑过去高声喝止。某老师躺在地上不起来。我问道："怎么回事？"某老师说："他打我。"王老师说："我上课，他跑来质问我，我没理他，谁知道他突然用军体拳打我，我退步躲过，借力一拉，他就倒在地上了。听到你的喊声，我就站在这儿，没动手了。"这时，某老师的家人赶来了，他们五六个人一边抬起某老师，要将他送到医院，一边叫喊着要把王老师送到派出所。我忙制止道："这事发生在校园，双方又是学校老师，相信学校会处理好此事的。你们家属回去，不要插手此事。"某老师的家人不答应，一边到派出所报案，要他们来学校抓人，一边在学校大吵大闹。

我突然意识到这是有预谋的闹事，不然某老师的家人怎么来得这么快呢？我一边安排教师拉走王老师，一边安排两位主任在上课的学生中了解事情经过。然后，我急忙赶到水东镇派出所，当面向所长讲清事情。所长对我说："请放心！此事由学校全权处理，派出所不会插手，更没理由抓人。"我又到水东公社，主任秘书在办公室接待了我，我把事情报告完毕，并讲清某老师母亲等六人在学校的所作所为，要求公社关注此事，制止其亲属胡闹。我返校途中，被老师们拉到家中休息，负责调查的主任也赶到教师家中向我汇报了情况。当晚七点钟，我们继续召开中断的校务会。

会上，我了解了一周的工作情况后，又安排好下周工作，最后提出讨论两位老师的事。会后，老师们告诉我："你走后，某老师母亲和其四名亲属，坐在你家门口，直呼你的名字，要你交出王老师，他们说王老师是你的侄子。不然，与你拼到底。其母扬言，你不给他个说法，她就在你家门口闹，让你不得安宁。我们去劝说其母，说虽然你们都姓王，但不是叔侄关系，是同事关系。我们还劝他，是你儿子冲入课堂先打人，王老师会两手功夫，要不是校长及时制止，你儿子还不知道怎样呢，你不感谢校长还到校长家里胡闹？……后来，上课铃响了，大家都上课去了，没人理会她们。她们一直胡闹到放学，天黑下来才离开。"第二天，我带着王老师去医院探视某老师后，医生告诉我们，某老师的身体没问题，可以出院了。我又到公社，向书记递交了学校会议研究的处理意见。公社书记阅后说："秘书已经告诉我了，我当晚就批示：胡闹！再闹事，再不悔改，一定严肃处理。"书记还在学校的处理意见上签署了"同意，照办"。

第三天，某老师回到学校上班。我找他谈话，某老师解释说："别人告诉我，王云生说我逞能，要教训我。我不服问他，他不理我，之后我们在争吵中打起来了。"我说："你讲得不符合实际！学校通过调查了解到，王老师在上课时，是你气势汹汹地手指着王老师，质问他。他不理睬你，你就冲过去打他，他后退半步顺势一拉，你便倒地。被及时制止后，他站起来没有再动手。是不是这样？"某老师承认确实如此。我又问他："是谁告诉你王老师说你逞能？"某老师始终不回答。"好了，幸亏我及时赶到，不然双方动起手来，影响就更坏了。你身为教师，冲入课堂闹事，为教育你并警示大家，经学校研究决定：你在全体教师会上公开检讨，医药费自理。你母亲等人到学校胡闹，严重干扰教学秩序，影响极坏。望今后不再发生此类事情。"

周五的教师会上，某老师公开检查后，我严肃地强调："身为教师，闯入课堂闹事，情节严重，影响恶劣，理应给予纪律处分，但念其年轻初犯，认错态度好，不再处分。王老师听到制止声后，能够克制自己的情绪，没有动手打人，应予表扬。希望你们化解误会，加强团结，努力工作，为校争光。同时，我在此提醒、警告某些老师，不要乱传是非，影响同志之间的团结。总之，希望全体教师从这件事中吸取教训，争当为人师表的楷模！"

开门办学

走"五七"道路，培养红色接班人，是当时贯彻落实党的教育方针的需要。在公社党委的支持下，我带领师生到武山荒冈上种植药材，开辟学农基地，同时也确定水东蔬菜大队为学农基地，确定水东农机铸造厂、拖拉机站为学工基地。我还制定了教学计划，初三、高二下学期的学生有半个月到学工基地劳动，初一、初二、高一、高二上学期的学生，每周有半天去学农基地劳动，确保每生在校期间都能得到贫下中农和工人的言传身教，培育情感，掌握劳动技能。

开辟运动场，确保体育活动的开展

学校决定发扬愚公移山的精神，利用两冈夹一洼地的地形，开辟运动场。方案是测定运动场的中心点高程，将高处的土挖掉填在低于中心点的洼地，再夯实找平。随后，我把任务落实到班，大家利用课余和劳动课、节假日的时间，通过师生手挖、肩挑、车拉，不怕吃苦、流汗，历经一个月终于整出一块四条二百五十米长跑道和一百二十米的直道田径场，并配建主席台、两块篮球场地、四张乒乓球台，还有跳高和跳远场地。从此，满足了学生体育课和课外活动的场地需求和学校召开运动会的场地需要。

水东中学出席宣城县教育战线第四次先代会代表合影（后排左二是王学思）

非常岁月，锥心之痛

1981年寒假，高二、初三的毕业班学生上课上到腊月二十八才结束。腊月二十九的清早，我到水东街头买了一车柴火放在山下村口，叫孩子们慢慢地搬回家，我乘早班车到县教育局办事，又去新华书店领高二的地理资料。下午五点左右，我回到家，发现柴火还没有搬回来，返身下山到村口，准备搬运柴火，一位村民竟要我赔他十五斤黄豆才放行。他说："你的学生将我种的黄豆苗锄掉了，你就得赔我，否则柴火不准搬。"这时，已围上来许多村民。我放下柴火说："学生锄没锄你黄豆苗我不知道，学生放假了，这时候算这个账叫算不清。再说近千名学生的错都找我赔，是不对的。我有教育学生的责任，等开学后，再慢慢算吧。""不行！"他态度蛮横。我说："明天就大年三十了，毕业班昨天才停课，我今早进城办事才回家，我赶早买的柴火要孩子往回搬，被你家无理阻拦。你家太狠，太欺负人！天马上黑了，让我搬柴，有什么事以后再说。"说完，我再次将柴杠上肩，他家老三一手拉住柴火，一手抓住我衣领。我怒问："想打架吗？"我放下柴火。我的大儿子见势不妙，跑去找公社书记。"你不要打人，有理讲理。"他说："今天不赔，就不行！"他突然使劲，想把我摔倒，我见势下蹲，用力顶住他，他又伸腿绊住我，又想摔倒我，我见状顺势借力将他一拉，反将他摔趴在牛粪堆上。他嫂子大叫："主任打人啦，他有劲，快上！"这时，他家老二也上来，一时二对一形成僵持局面。这时公社书记、大队书记都赶到，喝住他们兄弟二人。公社书记把大家就近带到村口农户家里，了解情况。我气的什么话也讲不出来，门口围了很多村民，纷纷说："这家太霸道，不讲理，欺负人。"有的说："学生做的事都找主任

（校长）算账，这叫什么事。这主任（校长）哪个还敢当。"还有的说："我儿子高二，今天刚停课，主任还在为学生服务，你家故意找人麻烦，不讲良心，做这样的事丢尽了我们村人的脸，我们向主任（校长）、向您全家赔礼道歉，说声对不起。"公社书记走到我面前说："王主任，您孩子已将情况告诉我了，我已责成大队处理。我代表公社向你表示歉意，对不起！"慢慢地，我缓过神来："谢谢书记，谢谢大家！"我扛上一捆柴，孩子也抬着一捆柴，还有四捆柴都是热心的村民抢着送到家的，孩子抬的柴也被社员送到家。

第二天是大年三十，我赶早上街打些年货，忙着做菜过年。柴火的事我没有对老师们说，怕他们为我出气，以免节外生枝。至今想起这事，它还像一根针，扎在我的心上。

满意答卷

"1976年10月粉碎"四人帮"的胜利，挽救了中国共产党和中国的社会主义事业。"

…………

12月13日，邓小平在中央工作会议闭幕会上作了题为《解放思想，实事求是，团结一致向前看》的讲话。这个讲话实际上成为随后召开的中共十一届三中全会的主题报告，它为全会实现具有划时代意义的伟大转折奠定了重要基础。[①]

随着拨乱反正工作的深入开展，教师工作积极性被大大激发出来，团结奋进的氛围越来越浓。学校领导敢抓工作，教师敢抓教学，

---

① 《中国近现代史纲要》编写组. 中国近现代史纲要：2015年修订版[M]. 6版. 北京：高等教育出版社，2015：285-286.

学生勤奋学习的良好局面已经形成。当时，学校没有英语教师，也缺物理教师，我虽多方打听，请代课教师顶上，但他们难以胜任，面对好学、奋进的学生，我深感内疚。

一分耕耘，一分收获。在高考中，尽管我校学生入学起点低、存在师资不齐等不利因素，但学生一届比一届考得好，考上大学的学生从每年的两三名发展到十名左右。初中升中专考试的结果更是喜人，我校被相关中专、宣城中学、宣城二中录取的学生人数竟达两位数以上，高中录取率年年居全县首位。1979年至1983年，全县考试排名前十名的学生，我校至少占两人，尤其是1982年全县前十名，我校竟占第二、三、五、七、八名。我校年年受到教育局的表彰，家长、社会反响越来越好。邻近的武山、黄渡、杨林、峰山、孙埠等地的学生，年年蜂拥而至。过多的学生超出学校的办学能力，我只得处处回避，开学前才限额报名入学。

我校学生的体育成绩也较突出。1981年，在双桥中学举办的宣城县中学生乒乓球比赛中，我校荣获男子团体第三，女子团体第二，男单第一，女单第二、三名的好成绩。1982年，我校参加在孙埠中学举办的宣城县中学生田径运动会，我校初中部获男团第一、女团第二和多项单项奖，高中部荣获女团第二和男女多项单项奖。

我在水东地区工作的八年中，与师生结下了深厚的友谊。我早已完成了组织交付给我的整顿好水东中学的任务，总算向组织交上了一份满意的答卷。

王学思（第二排右五）参加水东中学八二届理科班毕业生合影

1983年11月，我调离水东中学。1984年，水东中学高中部停招，学校集中精力发展初中部，后又划转给水东镇，再后来又划归县教育局管理。在后来水东中学学生举行的聚会上，当年师生、同事共聚一堂，共叙友情，回忆当年岁月，我得知当年几届初中部学生现在都非常优秀而且事业有成，感慨万千。

我在水东工作的八年，把一所混乱不堪的学校带成全县办学质量优秀的完全中学，并且适应时代发展要求，从贯彻落实"五七指示"的教育思想迅速转到提升办学质量的轨道上来。我经历各种复杂矛盾，经历"文革"后教育的迅速转型和发展，已经从猛打猛冲的排头兵成长为政治成熟、敢于担当、善谋长远、善于管理的校长。水东八年，淬火成钢。

八　听党指挥　再进二中

1983年11月，我从水东中学调到宣城二中。宣城二中的前身就是我进城工作的第一所学校——宣城初中。我对这所学校是有深厚感情的。

当时，宣城二中是一所完全中学，从初一到高三共六个年级，每个年级四个班级，共二十四个班，每个班级六十人左右，教学质量不错，仅次于宣城中学和宁国中学。

那个年代调进县城工作相当不容易，我之所以能顺利调入宣城二中还真有一段故事。1983年，我的两个孩子高考成绩不理想，我心里很焦急，想着给他们找学校复读。当时，双桥中学的高考升学率比较高，我找到以前共事的双桥中学校长，他很爽快地答应了我孩子复读的事。事情办完后，我到校长家吃饭，路上遇到双桥中学的老师，老师告诉我："校长狗眼看人低。官大的求他办点事情就满口答应，我们求他办复读的事，他就满是借口。"鉴于这样的情形，我不能让双桥中学校长为难。我急忙谢绝了张校长的邀请，也不打算让孩子去复读了。中午，我在双桥街上独自喝了很多闷酒，真是"借酒消愁愁更愁"。下午，我赶到县教育局张局长家里。局长看出我心事重重，让其夫人给我泡壶茶醒醒酒，随后问我是不是遇到了什么难事。我借着酒劲，将内心的苦闷诉说出来：组织上承诺两年内整顿好水东中学后，将我调回县城工作，一转眼都八年了，我还在拼命，照顾不了孩子，照顾不了家。我现在只求组织上兑现承诺，我只想去宣城二中，便于孩子复读罢了。局长也很为难，因为宣城二中刚刚进行了人事调整，校长班子已经配齐，刚将多余的一个校长调离学校。局长安慰我说："你别急！我们都了解你的情况，今天下午我就去和组织部部长商量解决办法，你迟点到我办公室找我。"下午，局长答复我：组织部满足你的要求，同意将你调回宣城二中，可惜要委屈你了，只能安排你做校长助理，我们都感觉到内疚，待以后有机会再安排。就这样，为了孩子能进城读书，我接受了组织的安排。

按照组织要求，我向组织提出水东中学新的领导班子人选。组织考察任命后，我到教育局报到，又被招生办留下帮忙。两周后，我遇见宣城二中吴多智校长，他立即拉着我找到教育局局长，要我立即到宣城二中报到。

当天晚上的教师会上，校长宣布了组织上对我的任命，并做了工作分工：总务主任生病请假，副主任有上课任务，学校的后勤工作由我全权负责，当前最主要的任务是尽快解决好学校拖拉机维修纠纷和实验楼停建的问题。我会后了解到，这些是很棘手的事。

解决拖拉机维修纠纷

我专程拜访了总务主任了解情况，也听取了其他同志的意见。周一，我与原经办此事的同志去汽车修配厂，双方开始重新商谈处理办法，意见分歧很大。我多次仔细察看拖拉机现状，并与师傅们交换意见。在周四的学校行政会上，我向大家介绍了基本情况：一，学校拖拉机送到维修厂后，该厂进行认真检修并更换了许多配件，可以使用，但遭水淹浸泡后能否修好很难说。二，我与厂长谈了几次，双方争论的焦点是该不该付拖拉机被水淹前的维修费。三，该拖拉机已快到报废年限，加之水淹后的拖拉机已经没有多大使用价值，若维修还需耗费一大笔资金。因此，我提出建议：一，过去维修的费用不承认。因为该厂讲修好了，但没有通知我们验收取货，我们无法得知真实情况。二，拖拉机被水淹，是维修厂的责任事故。三，我们不找维修厂承担赔偿，维修厂要将拖拉机送还学校，这已是我校做了最大程度让步。行政会上一致通过我的建议。另外，我们决定印发一封致学生家长的公开信，讲明事情原委，提出我们的要求，意在一方面给维修厂施加压力，另一方面也免得他们来闹事。第二天中午，家长们就收到学校的公开信。午饭后，厂长亲自将拖拉机用车送至学校，并放到我们指定的地方。厂长到校长室登门认错，请求原谅！校长笑笑说："这事已近两年，今天才敲定，伤了我们的和气。拖拉机是开着送到你们厂去修的，今天我们不修开不回来了。我们不要你们负责，只要求你们送回都不行，太不讲礼了！既然你们送来又认错了，那就算了。谢谢你们，辛苦了！"

解决实验楼工程停建问题

当时，学校已被乙方告上法庭，其实是让我代校长上法庭。这是我人生第一次对簿公堂，一定要办好此事。我随即带领总务处的同志展开调查，掌握证据，以理服人，按法辩护。我们着重调查四个方面问题：一是查证工程队的资质和施工详情，二是核查质量检查中已经查证的问题，三是听取设计部门的意见和要求，四是搜集施工材料和施工过程中的检测报告等。同时，我在同志中了解施工中双方是否发生争执，出现过的问题。

法庭上，乙方首先指控甲方（学校）在他们施工中一些不规矩的动作、行为，并举出几例。其次，指责甲方私自更换施工队，提出赔偿损失，要求甲方的杨主任出庭，当面对质，以便澄清一些事实。轮到被告方（学校）陈述，我就乙方提出的问题予以澄清，并提出我方质疑，并强调诬陷是要承担法律责任的。然后指出：一，原来是清水县建筑工程队承建实验楼，而乙方将工程转包给其他施工队，我方并不知晓。我们已经查明这是非法转让，同时向法庭呈上转包合同副本，为此要求乙方承担一切责任；二，乙方私下转包的施工队，不符合承建我校实验楼的建设资质，从施工队长到技术员，均无施工资格证和专业证书，而且在不到三个月的施工中更换了两次队长、技术员。我们还向法庭呈上该队当时提供给学校的相关材料；三，该队在施工的过程中偷工减料，砂浆、混凝土标号达不到要求，尤其是在现浇建筑物承重梁柱时填塞砖块等废料，导致工程质量差，在质量检查中被责令停工。我们向法庭呈上质检部门的报告和停工通知单；四，施工队在施工中管理不规范、不到位，没有采取必要的安全措施，由此看出乙方转包的施工队是无资质、无经验、无技术而临时凑合的施工队。由于乙方的错误导致停工数月，造成甲方损失巨大，乙方理应承担一切损失；五，在乙方严重违约并造成巨大损失的情况下，我们重新招聘施工队伍承建该楼，要求乙方不得干扰，否则学校会配合相关部门，给予乙方严肃处理。法庭宣布休庭十五分钟后宣判如下：

（一）原双方签约的合同，因乙方无资质不能承建。根据规定，该合同无效，由甲方重新招约施工队伍承建，乙方不得干预。

（二）经宣城县质检部门的鉴定，工程质量低劣，偷工减料，责令停工等，所造成的损失应由乙方负责。甲方在督检中不认真，纠正不力，尤其在施工队转包上态度不坚决，一拖再拖造成损失，也承担一些责任。对此，乙方承担85%，甲方承担15%的损失。

（三）责成乙方工程队的一切工具器材，自宣布之日起半月内撤走，同时乙方不得干涉甲方一切事宜。

为期多年的官司终于以我校胜诉而告终，下一步抓紧做好实验楼的重建工作是关键。一方面，我约请芜湖设计院和宣城县质检部门共同到现场进行检测，由芜湖设计院设计加固工程施工图。另一方面，我们通过考察，最后确定由宣城建筑公司承建。宣城建筑公司按图精心施工，学校派专人进行质量监督和检查，历时半年，于1984年5月竣工，经县质检合格后交付使用。

我刚上任时校长交付的两项紧急任务很快解决了，但是宣城二中发展面临的困难仍然很多。学校用水用电、师生住宿、校园及其地界等等问题，件件既是难事，又是学校发展中必须解决的事。我心里很清楚，后勤工作是学校当时发展的"瓶颈"，我面对的又是一场异常艰苦的工作。

首先，我解决了师生使用自来水的问题。

当年宣城初中创办之初，师生吃的水是从梅溪河挑来的。"文革"后，宣城初中改名为宣城二中，师生吃水是从322地质队抽宛溪河水转接过来的，生活区只有一个公共水龙头，而且水量很小，教师生活用水、住校学生用水都很不方便，如何能让师生用上自来水逐渐成为学校的大事。办好这件事的最大困难是学校不在城区自来水管网区域内，而且远离自来水厂，施工不仅耗资巨大，而且穿过许多单位和城郊的生产队，协调难度大，难以解决，所以历任领导一直搁置此事。我接受任务后，前往自来水厂求援解决。巧合的是，自来水厂崔厂长是原水东水泥厂的厂长，他的三个孩子都在水东中学读过书，而且都学有所成，我们相处得很好，真是故友相逢，有求必应。他立即叫来施工队队长，当面交代，确定最佳方案，要求他们特事特办，尽快实施。第三天，我接到施工队队长的电话，双方一同实地踏勘水管布线，确定最佳方案。经协商，水管线路经过的行署公路站、晏公桥生产队等单位的用地，由学校去协商解决，由自来水厂负责施工，校内管道由学校自行建设，经他们检查验收合格后供水。第二天，我开始逐个单位登门拜访，上下协调，花了四五天总算解决水管用地问题。随即施工队开始施工，我和总务处的同志始终相随，现场及时解决问题。当水管下穿公路站时，公路站提出接管要求，我们担心管径不够、水压不足，会影响学校用水，没有答应，双方僵持近一周，后来通过学生家长协调，方才同意公路站接管。当水管穿越农田时，社员要求付草皮费、麦苗费，并由他们开挖管线沟，经反复商谈价格、工期等事宜，才顺利施工。好事多磨。一场暴雨后，滑坡导致已经埋设好的水管断裂，我们花了九牛二虎之力，在泥土中找到断头重新接上。前后历经二十余天的连续施工，学校食堂终于用上自来水。接着，我们开始建设校内自来水管网。为节省资金，我带领十几名职工、家属和学校水电工，顶着暑期烈日，自己施工。首先，我们挖好路旁、屋后的排水沟，在水沟的两侧砌好砖块，盖上自制水泥板，然后布好到户的支线自来水水管，最后请自来水厂派人检验、测试，合格后才送水。总闸打开后，不一会儿汩汩清水流进学生宿舍、流进家家户户。我组织专人沿线路检查有无渗漏、喷水现象，时间一分一秒地过去了，十分钟、一小时，始终没有任何漏水、喷水的情况发生，整个工程圆满完成。盼了十几年，宣城二中师生终于喝上自来水，这也成为校内当年的大事。随着城市的扩大，学校所在的城南区域正式建成自来水管网是二十世纪九十年代以后的事了，学校用上城市自来水整整提前了十多年时间。

这项工程结束后，我清楚地认识到，地界将成为今后学校发展至关重要的大事。我向校长提议将宣城二中地界用规划图确定下来，校长非常赞同，随即请来宣城县水利局测绘队，根据原初中接收皖南矿山机械厂的地域界定，历经一个月测量绘制了"宣城二中地界示意图"，报送县政府批准后又交县土地局、县规划局、县教育局等相关部门备案存档，为学校今后的发展，规划地域控制线，提供了法律依据。公路局为扩建公路要占用我校土地，按照设计，公路从学校规划范围的中部穿过，将使规划中的校园分割成多块，而且学校毫不知情。为了宣城二中的发展，我带上"宣城二中地界示意图"跑到几个部门，据理力争，但是改变公路设计路线难度很大。后来，我直接找到常务副市长朱恩山同志。朱副市长曾在宣城二中担任过教务处副主任，比较清楚实际情况，最终直接批准了二中要求，宣城二中校园地界才得以维护。

其次，我解决了学校的用电问题。

因为宣城二中位居县城南面城外，属于农村用电电网，一到农忙或夏季用电高峰期，断电是家常便饭，这严重影响了我校学生晚自习用电，频频出现学生点着蜡烛学习的现象。为了解决我校学生的用电问题，我向校长提议彻底解决学校用电问题，校长信任地将这件事情交给我全权处理。

要想彻底解决学校用电问题，必须越过三道坎：一是供电局同意将我校用电从农村用电电网变更为城市用电网；二是改为城市用电网必须由供电局组织施工，重新架线布网；三是筹措施工资金。当时供电部门是超级强势部门，社会上称其为"电老虎"，这三道坎都是相当棘手的。我开动脑筋逐一想办法解决。

巧合的是，宣城二中一个学生家长是供电局领导，当我上门向他反映情况，希望他能帮助协调时，家长也是深有体会的。他们通过研究商量，最后同意我校供电改为城市用电网。我又联系供电施工单位，巧的是施工单位的领导是我在桐梓岗当校长时一位老师的家属，当时他们两人的婚姻还是我一手撮合操办的，老朋友见面喜出望外，了解我的来意后，对方一拍胸脯说：凡是涉及施工问题，你一句话我全力以赴。最后要解决资金问题，也是最难的问题。我左思右想：改变电网，重新架设输电线路，耗费大量资金，单靠学校力量不可能承受得了。学校附近的322地质队、烟草专卖局的烟草仓库、茶厂等单位实力比较雄厚，但都和学校一样是农村用电网，也一直想改为城市用电以便稳定生产，但苦于没有机会。随后，我代表我校联络地质队、烟草仓库和茶厂领导开会探讨联合行动的可行性，结果他们都同意合作并且承诺资金问题由他们全权处理，我负责联系施工单位并且进行监督施工。三个问题都得到了解决，经过一个月的紧张施工，圆满地解决我校的用电问题。

我一年来的工作仅仅解决了最基本的办学条件，路漫漫其修远兮！

我二进宣城二中，是以校长助理的身份开展工作的。从敬亭初中下迁到急调水东中学，再回到宣城二中，已经悄悄过去十五年了。我最富激情的岁月都在农村学校的创建和发展工作中度过了。时代弄人，我又回到阔别已久的宣城二中工作。如今的宣城二中已成为全县办学质量最好的高中，然而放眼望去，学校的硬件条件没有太大的变化。

九 再任主任 钢不生锈

从1978年开始，安徽、四川的基层干部和农民群众，在省委支持下，开始探索试行包产到组、包产到户、包干到户等多种形式的农业生产责任制，取得了很好的效果。……

…………

这期间，城市经济体制改革的探索也开始了。……

在推进经济体制改革的同时，政治体制改革和其他方面体制的改革也在向前推进：逐步废除干部领导职务实际上存在的终身制，实行干部队伍的革命化、年轻化、知识化、专业化；……

根据新的国际局势，1980年1月，邓小平在《目前的形势和任务》的讲话中作出一个重要判断："如果反霸权主义斗争搞得好，可以延缓战争的爆发，争取更长一点时间的和平。"他还提出："我们的对外政策，就本国来说，是要寻求一个和平的环境来实现四个现代化。"这为中国适时调整外交战略提出了重要的思路。[①]

1984年，宣城县委组织部推进干部的"四化"建设工作，要求

---

①《中国近现代史纲要》编写组.中国近现代史纲要:2015年修订版[M].6版.北京:高等教育出版社,2015:288-290.

完全中学的校级干部必须是本科学历。教育局体制改革领导组温耀松局长和黄坦诚副局长找我谈话，列举我在水东和在宣城二中的工作成绩，并给予了我充分的肯定，但因我没有本科学历，不符合任完中校长的条件，所以改任我为总务主任，保留科级待遇。我听后特感心寒地说："过去，组织上把我当牛使，从来不给我机会深造。今天，组织上以专业知识为由，不顾我的实际工作能力和成绩，作出这样不公正的决定，我难以接受！但为了孩子读书，我认了。我现有一点要求，希望今后对我的调动能尊重我的意见。因为我再也经受不住打击了。"领导满口答应。当领导把我送至门口时，我回过头去对温局长说："过去，我们都坐在一条凳子上，今天你是我的上司，可以决定我的任免。"黄副局长拍着我的肩膀打圆场说："暂时的，暂时的。"我愤然离去。

开学了，学校班子变动很大。吴多智为名誉校长，戴明调任宣城行署教研室任主任，潘政六为新任副校长并主持工作，李赔宁为教导主任，我为总务主任（保留科级待遇），周晓玲为办公室主任。

怨气归怨气，工作力度照样不减。

重质量建示范工程——教学楼。

1984年，宣城行署从芜湖张家山迁至宣城鳌峰。组织上为接收宣城行署干部子女入学读书，特别批准宣城二中建设教学楼。我带着图纸呈报县、地、省有关部门审核批准，随后宣城行署特别拨款，省计划委员会拨给钢筋、水泥等建材计划。这是宣城二中成立以来首次获得改善办学条件的"巨额"资金，建好这栋教学楼，改变实验楼建设过程中造成的不好形象，成为宣城二中新领导班子和员工们的共同愿望。

我冒着酷暑，日夜兼程赶往湾址、高淳、溧阳等地考察建筑工程队的资质，深入他们的施工现场，察看施工管理水平、施工质量、施工设备等等。我返校后经过认真研究，确立宣城一建、二建、油扎沟、湾址、高淳、溧阳等六家建筑工程队参加竞标。我在招标会上宣布规则：各建筑工程队各领一套图纸和今年第二季度建材价格表，十日内做好预算，报送我校。评标时，与我校预计标准逐项对照，造价总额误差在正负百分之三以内视为有效标，否则为无效标。所有有效标中，最接近我校预算标准者为中标单位。规则公开，操作公开，做到公正、公开、不徇私，接受大家的监督。参加竞标的单位都很高兴，他们纷纷表示："这样做合理，我们放心。"

竞标会如约举行。学校领导、六家投标单位都到场。竞标会正式开始，首先六家投标单位和学校呈上预算书。然后，我一一公示六家投标单位预算的结果，最后将学校预算当众拆封公示，按抽签的顺序一一兑照、公示、亮相。经反复比较，审核宣布：五家有效。其中高淳建筑队最接近，其施工队伍、资质水平、工程质量都较好。我代表学校宣布，高淳建筑队承建我校教学楼。对未中标的施工队表示歉意，感谢他们的参与。这种选择建筑队的形式是全新的尝试，也深受各投标单位的欢迎。数年后，政府才开始采用招投标的方式选择工程队，这种接近标底的招标方式有利于保证工程质量，关键在于标底的保密程度。无疑，公平、公正、公开的招标方式为教学楼高质量的建设开了个好头。

1984年10月，我们拆掉原来矿山机械厂后作为教室的厂房大厅，教学楼破土动工，持续建设到1985年8月竣工。期间，宣城县建筑质量检验站将城区在建工程的建筑队队长、技术员召集到学校参加质检验收工作，在工地上举行了"全县质检验收现场会"。行家们通过仔细察看，仪表检测，各项指标都合格，施工资料齐全，完全是一栋高质量的建筑。座谈会上，施工队队长介绍了他们的经验：实施责任到人制度，规范施工程序，完成定额任务，加强督检，发现问题及时处理；并介绍这项工程只有17万元费用，各方面精打细算，成本见底，才能竣工交付。参加座谈会各工程队的队长、技术员听后相互张望、目瞪口呆，都持怀疑态度说："在施工管理、质量上无可挑剔，在总造价上我们不信，总公司不补贴不可能圆满竣工。"高淳建筑队所属公司总经理直言："我们总公司从未给任何施工队任何补贴，只是免收工程管理费，要他们创牌，站稳脚。"我接着讲："我们是以17万元承包给他们建设的，有合同为证。该队要求严格、规范施工、责任到人，从不马虎，甲乙双方合作愉快，见错就纠，不留丝毫情面。尤其是整个施工中，一沙一石不浪费，也不偷工减料，采取施工安排紧凑、合理等措施，降低了成本。"最后，质检站的领导说："该项工程可成为我县示范楼，该队为施工管理示范队。今天让大家到现场亲手检测，亲眼看看，亲耳听听，大家都有感受，也接受了教育。要求大家学他们规范管理，学他们分工明确，责任到人，学他们不浪费一沙一石，学他们的具体做法，希望在各个工地上开花结果。"该公司在我县名声大振，一下承包了县医院、地区技校、县交通局等多个单位的建筑工程。这期间，总务处的吴申同志在基建方面的能力显现出来了，他后来成为这方面的行家里手。

1985年5月，副县长江吉友同志来校传达县政府的学校划界决定，我陪同他前往实地定界。一路上，我指着学校教学区、师生生活区、运动区之间的水田、零星旱地说："这些地原来都是学校用地，'文革'前后全被占用，既扰乱教学秩序，又阻碍学校规划发展，恳请政府解决。"他立即指出："这片山地路旁零星的旱地和这些水田，以及住户所占用的学校土地、房屋统统收回，不是征用，只付青苗费和垦荒费。"随后，在鳌峰街道办事处和九同大队的支持、帮助下，一一丈量地块面积，及时付清两费，全部收回，使得学校功能区之间不再有其他用地穿插在校园当中，学校用地连成一片。地界内五家住户，四户限期搬走，另一户原来是宣城初中的工友，学校下迁时他调往肉联厂，现已退休仍住在当年宣城初中的三间土墙破旧草房里。我们虽与肉联厂联系多次，该厂也没有能力解决，根据其所居之地，暂不碍学校规划建路修路，经与其协商决定：该屋只限他暂住，其子女不得以任何借口搬入，等他小姑娘出嫁后，立即搬离并将房归还学校，双方签署了协议。

教学楼建设过程中，我发现宣城建筑市场预制板生产总量不足，常常成为建筑进度的制约因素，预制板的市场需求量大。为帮助学校发展筹措资金，我创建了"宣城二中预制厂"，生产各种规格的预制件。经县质检部门检验，负重加压、超负重检测均合格，发给生产许可证等相关证件。在优先满足学校建设需要和高淳施工队工地的需要外，还供应给其他一些工地。产品质量过硬，受到质检部门的多次肯定，信誉越来越好，产销两旺，十分红火。自我调离宣城二中后，该厂生产日趋下滑，于1988年停产。

体制改革后，朱恩三同志调任县教育局副局长，将风琴厂移交宣城二中管理，我代表学校接收、签字。在全面了解情况后，我们经研究，确定厂长、调音师和七名制琴师，并在厂长、调音师和工人中各选拔一人组成"宣城二中风琴厂"领导班子，实行厂长负责制。同年10月，根据宣城行署教育局要求，我带队参加在我省滁州召开的全国教学仪器产品订货会。

首先，我做好布展工作。将样品反复检查测试后，放到展厅内。

其次，我做好品牌的宣传、推销工作。将琴音调准，展现我校生产的风琴音量高、音色美的优点，向大家介绍风琴的外壳木质好，经热处理后既坚硬耐用，又不拔缝变形等特点。最后，在展销过程中，我注意摸清行情，了解他人之长，尽可能多地获取信息。经过宣传、推销产品，我向消费者承诺在售后服务上多做工作，恢复信誉，不仅稳定了一些老客户，还争取到一些新客户。我接到的订单量可满足全厂大半年的生产任务。回厂后，我召开全厂职工大会，既肯定成功的一面，又深入剖析了不足，尤其是工作不到位，导致信誉损害，这是难以容忍的问题，今后必须改正。请大家今后在讲产品质量，讲信誉诚信，讲售后服务上下工夫，做出成绩，力争在下次订货会上打翻身仗。

1985年的全国订货会，宣城行署教育局又要我上阵。我在预备会上提出，要吸取经验、教训，做到抢占先机，抓好机遇，把产品品牌打响。一是布展要醒目、吸引人。二要兵分两路，一路在展厅宣传产品，招揽顾客；另一路到其他厂家掌握信息，吃准行情。晚上，分别到各省代表所住房间洽谈、宣传、签订合同，争取先下手为强。几天拼下来，效果确实不错。我们的产品受到客户的夸奖，质量上乘，特别讲诚信，售后服务又到位，不少客户抢着与我们签订合同。最终，我们拿下三千七百余台的订单，第一次远超过韶山牌风琴。这些订单足够我们全年的生产任务。回厂后，我在职工大会上分析形势，分析成绩和问题，要求全厂再上新台阶。

转眼间，我在宣城二中已经工作三年了，整天忙于后勤工作，依然像以前一样不知疲倦，奔跑在工作第一线，其中最大的收获是筹建教学楼，开启了该校上规模的基建工作，摸索了一些成功经验。在这个过程中，我没有因为工作待遇而懈怠片刻。这期间，我爱人在宣城二中食堂工作，为了避免师傅间的矛盾、是非给我工作带来困挠，我爱人主动申请做其他人不愿做的司炉工工作。她每天半夜起来烧锅炉，以便一大早为师生供应开水，全天工作14个小时，上午稍有空闲就忙于料理家务，十分辛苦！这期间，我大儿子通过招干考试在工商所工作，二儿子考上安徽师范大学，小女儿在宣城二中读初中。

十　奔赴新岗　开拓创新

　　1986年3月，金基立同志调来宣城二中任校长，潘政六留任副校长，学校多次要求组织恢复我的副校长职务，但一直未果。一次，我去县教育局办事，与温局长谈心顺便聊到："孩子已上大学，组织上是否把我动一下，不能总是'保留科级待遇'。"谁知组织上不久要调我任城关学区校长。金、潘二位校长得知后，虽多次向组织申请挽留，但都无济于事。最后两位校长再三要求，请我和风琴厂厂长参加全国订货会后再赴任，我答应了。八月份，我参加完在重庆举行的全国教学仪器订货会后，温局长送我到城关镇报到。

王学思（后排右三）与城关学区首批骨干教师合影

城关学区负责城关、莲西、团山、夏渡、桐梓岗、向阳等地的初中、小学工作。为了解全区学校情况，我在两位辅导员的陪同下，骑自行车花了近一个月的时间，跑遍辖区内的初中、小学和部分村小。一是看学校布点情况，查看校舍安全情况；二是接触老师、主任、校长，听取意见，了解情况。然后，我连续两天召开办公会议，研究、确立学区工作重点，明确工作任务。随即，我召开全区初中、小学校长（教革组长）工作座谈会，提出学区的工作重点，听取大家意见。会场内，大家发言积极，气氛融洽，修正和补充了一些工作内容。

在城关学区工作的三年，我坚持深入学校听课，检查教师的作业批改情况，了解、掌握教师的教学水平、教学态度、学校管理等方面情况；坚持每学期举办全区中小学观摩课活动，邀请县教研室学科教研员参加指导。回想起来，宣城六中的化学观摩课、向阳中学的初二语文观摩课、夏渡中学的初三数学观摩课、团山中学的初二物理观摩课、宣州市第四小学五年级的数学观摩课、实验小学语文观摩课、第五小学的数学观摩课、第六小学的体育观摩课、莲西小学的语文观摩课、夏渡幼儿园的观摩活动、团山中学数学观摩课等场景仍历历在目。这些教研活动大大激发了教师勤奋执教、积极向上的热情，营造了狠抓教学质量的氛围，有力地推动了全学区的教育教学工作。

我坚持不断观察、培养工作队伍，建立了一支区骨干教师队伍。我们通过各种途径，掌握了全区各学科在教学能力、业务水平、教学效果等方面都比较突出的教师名单，与校长、主任共同商讨，确定了城关学区二十四名中小学骨干教师。1988年，我组织他们赴屯溪四中、实验小学参与观摩教学活动，课后展开交流，大家一致感到收获大，效果好。这批教学骨干为提高全区的教学质量，发挥了巨大的推动作用。上下协调，团结奋进，相互尊重的教研氛围越来越浓。

我坚持每年举办庆"六一"国际儿童节演唱会，城关镇各小学积极参加。每年举办中小学田径运动会，每年举办一次小学生篮球赛活动，均受到各级领导和家长们的好评。我还受宣城行署教育局指派领队赴淮南参加全省"小学生田径运动会"。开幕式上，我见到北方学生均是人高马大，而我们的队员相对瘦小。我怕运动员情绪受影响，不断给他们鼓励、打气，男、女队员均有不少同学进入决赛并取得良好成绩，我们最终取得女子团体第三名、男子团体第四名的成绩。

我坚持做好建校、维修和布点工作。我根据掌握的情况，从实际出发，调整了向阳乡的两处教学点，筹资进行桐梓岗小学的维修和石板桥小学变压器的围墙隔离工作，在莲花塘建校，在西门石板桥路北建宣城第四中学，在城东建宣城八中，都一一得到落实。

我坚持做好党总支工作，定期开好支部书记大会，规范组织生活，广大党员在教育教学中发挥了先锋模范作用；做好年年总结评优、评先工作等。

我坚持做好开学工作、期末小结、年终总结表彰工作，当好镇党委参谋，做好局与镇的协调、沟通工作。

三年来，学区工作开展得十分得心应手，得到领导们一致好评和支持，得到各中小学领导和教师们的肯定和认可，谁知县委又要把我调回宣城二中。

在城关学区工作的三年是我一生中工作最轻松、最惬意的时光，没有复杂的矛盾需要处理，没有繁杂的对外工作需要协调，有的只是专注于辖区内学校发展，专注于通过教研活动提高教育教学质量，专注于培养骨干教师。抓学区内的教学质量是自当年从事小学教学、在水东中学的教学管理经验的延续和发展。从个人的教学，到一所学校的教学工作，再到一个区域的教学工作，我都经历过并且做出了显著成绩。

十一　三进二中　为生建校

那几年，因多种原因导致宣城二中很乱，后来因为教师"抢房"引起轩然大波，被报纸做了负面报道。宣州市委市政府派出工作组到学校蹲点调查一个月，1989年8月，宣城市委对宣城二中的领导班子进行了大调整。

工作组了解到我在宣城二中的工作情况，掌握了绝大多数教职工要求调我回学校的呼声，在市委研究宣城二中领导班子配备时决定调我回校任副校长。组织部部长几次找我谈话，做我的思想工作，我都以"知识专业化程度不够，不符合副校长的任职条件"为理由，一再谢绝。最后一次，部长说："过去我们只强调专业化，忽视你的工作能力和工作成绩的做法，是错误的、片面的！我代表组织向你认错，表示道歉！请你谅解。市委指名将你调回宣城二中任副校长，这谁也改不了，请你服从。"1989年8月，宣城市委分管教育的刘志祥副书记拒绝了城关镇党委和城关镇学区同仁多次到县委、组织部对我的挽留申请，坚持要调我回宣城二中工作。

1989年8月28日，我们正在学区办公室与大家讨论工作，教育局教研室黄明主任来了，他拉着我就走，边走边说："快上车，刘志祥书记在等你召开开学工作会议，你不到他不开会。"车到宣城二中，下车后见刘志祥书记站在学校阶梯教室的门口，迎上来握着我的手说："就在等你了，你到了就开会。"他拉着我走上主席台，参加学校新学期开学工作会议。会后，刘书记单独做我的思想工作，并安排我与杨宝林书记、张明传副校长见面，共同参加学校行政会。会上，组织上宣布了县委的决定：邢少山校长留任，杨宝林同志任书记，张明传副校长分管教学，我任副校长分管后勤，希望大家齐心协力办好二中。一年后，邢少山同志调任宣州市政府督学，杨宝林同志退休，宣城三中的蒋祖璋、杨永政同志分别调任宣城二中校长和副校长，我和张明传继续留任副校长。

当年宣城二中的办学条件太差。整个校园占地一百多亩，学校只有地界示意图，没有校园规划，在校域范围内还有很多农民使用的水塘和农田。学校布局分散零乱，教学区远离宣泾公路，教师宿舍偏居校园西南角的山冈上，与教学区隔着田径场和水塘，学生宿舍、食堂偏居在校园西北角。学校没有围墙，四通八达，维护师生安全和教学秩序难度大。学校没有大门，没有主干道，维护师生到学校必须走过几道塘埂，弯曲不平，放学人多时有学生跌落水田、水塘中，尤其雨天更容易出问题。我深感压力太大！

根据领导的嘱托，我委托县设计室绘制学校的校园规划图，在听取意见后，再修改定稿，交市政府、县规划办、教育局等相关部门备案。

向西扩展校园，建学生公寓

1989年10月的一个星期天，宣州市委书记夏仕超同志和常务副市长朱恩三同志驱车来到学校。他们在我家门前停下，我出来后见是市委书记和副市长，一边安排人去叫校长，一边请领导到家里休息一会儿。朱恩三副市长说："不进家了，把校园规划图拿来，就由你向书记汇报，不要叫校长了。"我转身从家里取出图纸，他们已走进学校的男生宿舍的院子。当我跨进院门，指着图向领导做了详细汇报后，夏书记说："这校园规划得很好，分三大块，泾渭分明，互不干扰，很合理，就按这个规划办。三年内连续投资，把学校建设好，力争赶上或超过宣城中学。"朱副市长笑着应道"照办"。临走时，朱市长指着学生宿舍说："条件太差，第一步要将学生公寓建好。"我高兴地说："一定办好。"

接下来，我们展开了相关工作。一方面请设计室设计男生公寓，另一方面加快办理土地征用手续。根据学校规划，一次性征用可建三幢学生公寓的土地，学校用地一次性扩展到宣泾公路边，这就彻底解决了校域内遍布水田的问题，实现了学校"西扩"目标。这期间，朱恩山副市长一直很关心我们的工作进展。一天，朱副市长约我去他办公室与城建委何主任见面，商量建设学生公寓一事。双方各抒己见后，领导决策，达成共识。朱副市长再三叮嘱何主任，"尽量给予优惠，要精心管理，高质量地完成学生公寓建设"。何主任连声答道："全力以赴，请市长放心。"

在领导的关心下，一幢建筑面积达二千八百平方米，学习、生活设施齐全的五层男生公寓于1990年顺利竣工。层层有盥洗间，每室五人，每生一桌、一橙、一柜、一架，学生生活、学习都比较方便，一改过去男生宿舍低矮、潮湿、幽暗的居住环境为单向通风、日照充足的楼房，开启宣城二中改善学生住宿条件之先河。经验收，该工程被评为优质工程，朱副市长亲临现场剪彩，并参加建设座谈会。从征地到建设学生宿舍，我们真正迈开学校"西扩"步伐。

建田径运动场

前两年学校开建的二百五十米跑道的田径场半途停下，目前只有一块篮球场可供学生运动。上任后，我坚持要修建四百米、八条跑道的标准田径运动场，这样既能弥补宣城作为田径之乡而无标准田径场的空缺，又是学校发展之需。在县体育局允诺经费支持的情况下，此方案在学校行政会上通过。于是，我带着工程队、技术员、后勤部门相关同志前往南京五台山体育场学习、参观，深入了解建设和使用过程中的问题。这次考察、参观对我的启发很大。返校后，我亲手绘制施工图，并注明六十米、一百米、二百米起、终点线的位置，以及场地直线，圆弧的半径数据等，能够满足开展田径的各项赛事。一切准备就绪，征用土地和改变附近单位、村民从运动场穿行的习惯是一场攻坚战，也是当初行政会的争论焦点。

一是征用土地。我通过多次与绿锦大队商讨，取得大队的支持。大队书记陪同我们一道走访田径场边上的六户村民和砖厂职工，一一商讨征用办法，用真情和扎实、细致的工作打动他们，顺利征用了原运动场南面的三十五米长、八十米宽的旱地和山冈。这可以说是宣城二中办学以来的第一次"南扩工程"。二是改变通行习惯。"文革"时学校下迁，学校原来的地界失去管理，陆续有单位建设、村民迁入，加之学校没有围墙，所以电视转换台、煤探二队的工作人员、村民以及车辆，长期习惯穿过校园内的运动场，取近道到宣泾公路进城，这是历史造成的现实。我虽多次上门宣讲学校建设运动场的紧迫性和学生安全、学校安宁的必要性，必须建围墙封路，但是收效甚微。后来，我报请市长，市长批示：煤探二队向东至宣港路，电视转播台向西至宣泾路，各自修建道路通行。转送批示，强行封路，反复拉锯，一个多月后终成定局。

两个难点问题解决后，学校立即进入施工阶段。现在回想起来，我实际干的就是项目经理、技术员、总指挥的事。

第一是平整场地。我们租来挖土机、卡车，花了一个多月时间，开挖搬运三万八千多立方土，平整出运动场的基本地块。

第二是定标。确立场地中心，向东西各六十米宽，向南北各七十米宽，确定了运动场的范围；用测量仪测定高度，从场地中心向四周逐渐降低高度，确定场地坡度，并用竹签定准，再以竹签为高度标准平整场地，又用压土机压实，再测定坡度有无差错。我对照施工图纸，确定好四百米跑道位置，反复核定无丝毫差错。在跑道内、外圈标出六十厘米宽的排水沟位置，在场地东西向中心线的南、北各三十米标出五十厘米宽的排水沟，在田径场的南北端标出八十厘米宽的排水沟，都与场外排水沟相通。

第三是建地下工程。先按照定标位置开挖排水沟，在排水沟的两侧砌砖墙体，上盖滤水的预制块；跑道底层铺垫三十厘米厚的青石块，上层用黄土与煤灰按比例拌成的混合土，铺二十厘米后，反复压实。弯道部分外圈高、内圈低，必须保证其坡度为千分之三。

第四是建地面工程。我们用测量仪将整个运动场测量复核，在跑道内、外侧装好道路沿；在运动场的东、西侧建看台，在西侧中间建主席台，并留有通行道路；运动场地北端配建单双杠、爬杆、爬梯等器械，南端建有跳高、跳远、沙坑等场地，利用东侧边角地建有十张乒乓球桌的场地；再在场地四周栽上乔木，种上花草，美化环境。

第五是标线。我们在跑道沿上标明六十米、一百米、二百米的起跑线和终点线。

1991年上半年施工结束，我请县教育局领导、体育局专家、县质检站技术员到场验收。经过严格测量、检查各项数据，准确无误，受到领导、专家、技术员的肯定和赞扬。同时，我趁热打铁，把田径运动场南面的围墙建好了。

建设学校主干道

1991年，我在建设田径运动场、教学区围墙的同时，开始谋划学校主干道的建设。根据学校规划办完征用水塘、水田后，临近田径场北端向北十二米，确定进学校大门主干道的位置。设计主干道为八米宽的水泥路面，两侧修建两米宽的绿化带，间隔栽种香樟和松柏，时至今日这条路已经成为林荫大道。主干道的一段要经过原来的水塘，我们抛下并夯实了大量的石块，解决了软基问题。在干道中段的南侧修建三角花坛，作为主干道两端视线的交点，弱化干道在此有五度转向而带来的视觉不悦，化解主干道无法取直的问题。同时，我规划建设六块篮球场，因经费不足先建两块水泥地面标准的篮球场，又从教工宿舍区修水泥路，接上学校主干道，解决教职工穿越田径场进教学区的问题。至此，校园内的各个功能区基本形成，各功能区之间的道路连通业已解决。

最麻烦的是确定学校边界，建设学校围墙。

这些工程结束后，环顾校园，周边地界、校内各个功能区已成定局，接下来筹划的大事就是把教学区、教师生活区、学生生活区、运动区已有的围墙或没有建好的围墙完善、连接，从而使得校园完整、安全，营造读书的安静环境。过去发生的事一再证明，修建学校围墙对于学校未来发展很重要。

建设围墙最大的困难是勘界工作，其中既要与周边行政单位协调，又要与周边生产队商讨，更麻烦的是与周边村民一户一户交涉。由于历史原因，关于校界遗留的问题较多，再加上任何单位和个人都是寸土必争，因此，勘界过程中争吵是家常便饭，我甚至时时受到人身安全的威胁。我带领总务处的同志，依据1984年的"宣城二中地界示意图"和1989年的"宣城二中校园规划图"两个经过政府备案的规划文书，据理力争，澄清历史，既坚持原则，又讲究方式方法，一步一步地把学校围墙建起来、连起来。

我计划分三步建好教学区围墙。

学校没有围墙没有校门，四通八达，社会闲散青年常在放学或晚自习时来我校惹是生非，打架闹事，严重干扰教学秩序。根据教学区的教学楼、实验楼、平房教室、办公室形成的三面围挡之势，只需在西面建围墙就可以形成闭合的教学区，便于校园安全管理和维护教学秩序。办法确定后，立即行动。1990年年底，根据学校规划，确定围墙、教学区大门和保安室的位置，选定宣传栏的位置和围墙的图形设计方案，施工不到两周就已完成，确保了教学区师生安全，学习、生活安静。

教学区南面的平房教室窗外就是农民的菜地、竹园。学生常将伸进窗户或遮光的树枝折断，便遭到农民的辱骂，甚至打耳光。这类事件经常发生，学校研究后下定决心征用临近土地，建起围墙，从而彻底解决此类问题，任务又落在我身上。我带领总务处的同志走门串户，与农民沟通，在城南居委会和后福村生产队的支持下，将这片田地、竹园、藕塘全部征用。计划将学校东面围墙向南延至两户农民屋后，再折向西至煤探二队，将院墙相接。我们在施工过程中，遭到一个小青年阻挠，其理由是挡了他们上街的路，虽然我们再三说明丝毫不影响住户通行，但他仍然不准我们建，而且他威胁我说："你不让道的话，我不但毁墙，还到你家打你。"我说："你不怕犯法，就试试看。"说完，我便转身找居委会主任和队长寻求支援。当主任、队长和我赶回工地时，他仍在蛮横阻挠。队长上前一把推开他，将他训斥一通，原来闹事者是他亲弟弟，事情就这样迅速解决了。不到一个星期，百米的院墙建成，随后砍去杂树，填平藕塘，整理好院落，虽然教学区向南只拓展五十多米，但是学生学习的环境更安静了，同时一块静谧、优美的竹园呈现在师生面前，学生课余时间可以在这里开展活动，也可在竹林中看书、休闲。

教学区东面的围墙是原来的，北面没有围墙，只以北教学楼的北墙外小道为界。所以，我同时启动了教学区北面地界商谈和围墙建设工程。在城南居委会的支持下，我反复与当地农民协商、勘界，最后向北扩展二三十米不等的宽度，这块地方现在已经成为北教学楼后面的一片水杉林。按照地界建好围墙，向西延伸至实验楼（现已拆）西端与教学区西围墙相连，至此教学区又向北扩展一小块。这当中有很多曲折，连续多次白天砌好的围墙晚上被推倒，也显示了农民对土地的天然热爱和珍惜，又让人感到学校向外扩展的每一步都不容易。所有这些工作都得到了城南居委会、生产队的大力支持。

争回被征走的土地，建学校北面围墙

学校北部水塘下面的数亩农田是学校规划范围内的待征土地。一天，我发现有人正依据图纸，放建房施工线，询问后才知道这片田地已被县公路检查站征用，准备建职工住房。我反复说明这是规划批准的学校待征土地，现场工作人员也准备收工，这时县公路检查站负责人赶到，气势汹汹地说："我们已办好一切批准手续，你说不准就不准，你算老几?!"我说："征这片土地未经我们允许就是不行，我不算什么，但维护学校办学是我职责，请您务必停下，否则造成损失，我们概不负责。"我立刻带着总务主任一同去县规划办、土地局、公路局、鳌峰办事处、计委，每到一处拿出县政府批准的学校规划控制线，讲明这是受法律保护的学校权益，同时又拿出经过审批的学校校园建设规划图，指出："你们批走的这块地方，正是学校建女生宿舍的地方。这块地被其他单位征用后，从中间把学校一分为二，影响校园整体建设。要求领导收回，改征其他地方。"听完我们汇报，各单位反映不同，有的说："这事我们不知道，现已批了，不好改办了。"有的说："这是我们疏忽，我们再议。"还有的说："这不是儿戏，你们说要就要，不能到别处征用?"总之，事情得不到解决，一拖再拖。我连跑两次，仅一家单位承认"这是个问题，需研究纠正"，其他四家单位还是推诿，甚至不理我。我十分恼火地说："学校是办教育的，不是来乞讨的，你们办错了事，还不纠正，还阳奉阴违!"回校后，我写了份紧急报告呈交教育局，并转呈市政府。不日，我拿到市长批示：此地待学校征用，任何单位不得占用。这个批示十分见效，相关部门立即通知县公路管理局改征其他地块。问题是解决了，但是土地不征用到学校来，总有后患，不如趁热打铁。于是，我第六次为学校办理土地征用手续，即征用学校北侧的四块田和一口水塘，有前面工作的铺垫，手续很快完成。在答谢晚餐上，办事处某副主任对我说："您真狠，还是让你争走了。"我笑着说："主任，我是为教育办好事，你代表一级政府难道不更应该为办好教育出力、造福后代吗?"

　　紧接着，遵照朱市长的批示，我将学校北面界线采取切补的办法，拉成直线。我们与晏公桥生产队商定：把校北侧一块突出的旱地切去，在教学楼北面划入相等面积的水塘，二者等面积切补对换；再打开原男生平房宿舍院落的东西院墙新建友谊路（路两侧的平房及其土地仍属学校），从东至西与宣泾路相接，以便解决当地村民的通行问题，以免村民穿过校园。按照商定的方案，我们立即建设学校北面围墙，向南延伸到东侧围墙，把原来建好的教学区围墙包含进来，同时也切断了附近村民穿行校园的各条小道，进一步确保了校园的安宁。由此学校北面边界稳定下来，亦无后顾之忧。

争回的土地位于北围墙与主干道北侧之间，是一块低洼水田。经过研究，学校决定把这块低洼地改造成景观：把水塘弯曲处略加修整，用石块护坡，在北面塘埂中建排水渠道和溢洪口，在水塘中心偏北的位置建一座八角亭，修有九曲石桥联结两边，遍植睡莲，放养金鱼。此后，学校在此安装了喷泉，配置了彩灯，修建了大理石的栏杆，更增添了景观的雅致。学校在改造水景的同时，又在教学楼的北侧栽种水杉和香樟等景观植物。现在，它们已长成参天大树。

建设学生食堂和大礼堂

先前，宣城二中的学生食堂使用的是原矿山机械厂的旧房，用竹子搭建的简易的学生买饭场所。到二十世纪八十年代中期，学校"抢"回煤探二队占用原宣城初中房子而用作食堂，但是还远不能满足师生用餐的需要。我决定建好主干道后开始筹建学生食堂和大礼堂。根据规划，我们先填掉了旧食堂南面的池塘，将其规划为食堂后厨用地，与大礼堂连为一体，大礼堂既作为食堂售卖窗口、学生餐厅，又作为学校开展活动、开学生大会的场所，这是在学校经济不宽裕情况下的折中办法。1995年，工程完成建设，彻底解决了学生就餐条件差的问题。

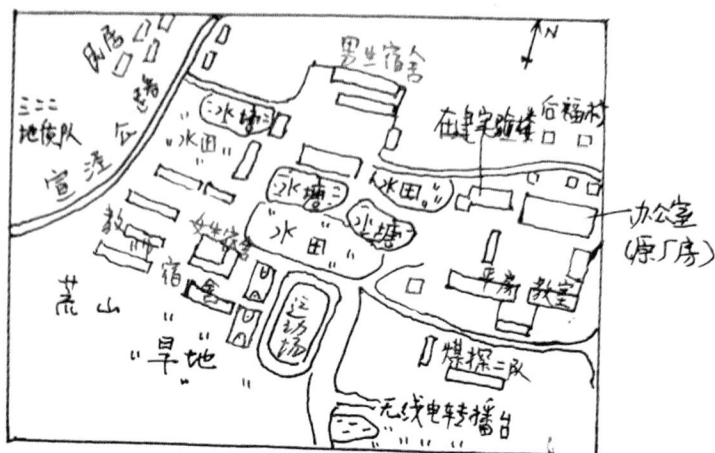

1984年宣城二中校园分布图（草图）

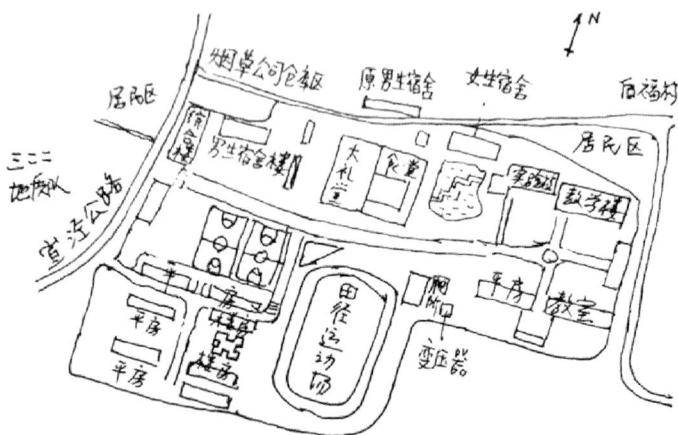

1998年宣城二中校园分布图（草图）

建校大门，完成学校南边、西边围墙工程

为建好学校大门，我带领基建部门的同志赴芜湖、南京、合肥、

马鞍山等地观看了不少单位、学校的大门，并拍了许多照片。在听取意见的基础上，我拿出十张照片让大家各抒己见。大家在讨论的基础上选出五种不同风格的大门照片，并附上意见供设计室参考。设计室综合考虑后拿出六种风格的学校大门设计图供我们选择。在广泛听取师生意见的基础上，行政会最终拿出设计要求和风格设想，交设计室设计施工图纸。

宣城二中的大门建在宣泾公路边，朝向正西，总宽十二米，南侧两米作为人员通行的小门，主体为八米的大门，二者之间设计了四根九米高的立柱，四根立柱上端之间各夹金鼓，寓意天鼓金钟，警示师生勤奋工作和学习。大门北端设计为一面高六米八，底长五米八，顶长两米八，六十厘米厚的梯形墙。南侧小门边建了两间门卫室，一间是直接连接内外的晚间人员通道，一间为工作人员办公室。自学校大门向南侧建单层两间、双层两间的门面房，并新建了从门面房向南延伸至教师宿舍区的学校西段围墙。学校大门北侧同样建有单层二间、双层二间的门面房，并新建一幢五层的综合楼。这期工程于1992年6月开工，至1993年10月圆满竣工，自此终结了宣城二中没有大门的历史。

同步启动的是学校教师宿舍区南边的围墙建设工程，这也是最难建的一段围墙，涉及窑厂、生产队、五户当地村民、六户自建房的居民。总务处的老师全力以赴，既有利用个人关系疏通说服，又有据理力争、寸土不让，更有苦口婆心、耐心苦劝。半个月后，工程终于竣工。宣城二中从1954年建校到1993年历时39年，学校终于有了独立、安静的校园！

我第三次进宣城二中的工作蓝图，终于圆满实现。

我三次进入宣城二中工作，从参与初创到基本完成校园建设，经历了很多事，参与了很多重大决策和决策的落实工作，可以说，我既是一名决策的参与者，更是一名推动和落实决策的实施者。到1998年9月，我前后在宣城二中工作了十四年，我舍弃自己的教学管理、学校管理的工作经验，全力以赴专攻学校后勤服务和校园建设工作，在工作中积累了经验，增长了才干，开阔了眼界。我不计个人得失，倾情奉献，圆满完成了党交给我的任务。

十二　攻坚克难　公平分房

　　随着学校迅速发展，教师住房和学生宿舍成为刻不容缓的工作。根据规划，我于1991年在刚刚征用的土地上建成三千二百平方米的女生公寓。新学期，女生们住进整洁、亮丽、舒适的新宿舍，特别兴奋。1993年，我开始筹划建设教职工住宅楼，根据地形起伏和地块大小，设计了一幢蝶式楼和一幢条式楼，共计四十套住房。我将建设计划呈交市政府审核，夏子超书记指出："面积缩小点，房改时有利于教职工购买。"最终，我将每户减少了六至八平方米。政府很重视，很快批准建设计划，划拨了建设资金。多方比较后，我选择了宣城第一、第二建筑公司各建一幢住宅楼，于1993年4月顺利开工。我们检测地基中心轴线时，发现第一建筑公司负责的工程偏离中心轴线五厘米，我们坚决要求他们重新浇筑地基，第一建筑公司施工队不同意，认为没有多大问题，双方僵持不下。后来，第一建筑公司派技术员检测，证实确实误差五六厘米，第一建筑公司同意学校要求，责令施工队返工。教师宿舍建到三楼时，一天中午，我腹痛难忍，同事们将我送到医院，医生检查后说是胆道蛔虫阻塞胆管，迫使胆汁渗流到胃、胰腺处，导致发炎，我被迫住院治疗十八天。我出院时，宿舍楼顶层已开始扎布钢筋，准备浇筑。因为深知顶层浇筑质量的重要性，我坚持到楼面与质检站的同志一道检测。两栋教职工宿舍楼于1993年12月顺利竣工。

分房难是那个时代的通病。1990年，学校就因分房导致干群矛盾大，正常的教育教学秩序被搅乱，教学质量滑坡。此事被报纸作大量负面报道，大大损害了学校的社会形象。时隔三年之后，改善教师住宿的楼房建好了，人人想住新房，一时间暗流涌动，坊间传闻甚嚣尘上，大有风雨欲来风满楼之势。行政会上，大家决定成立分房领导组（由工会主席、教工代表、总务处主任、教导处主任组成），我任领导组组长。我知道这又是一次严峻挑战。

1990年以来，在市领导的关心下，新的学校领导班子带领广大教职工实干苦干，奋发进取，学校声誉日见好转，连续几年被确认为县、市重点学校。在近年的总务工作中，我尽最大努力化解以前的分房矛盾——这次分房不能再起风波。

在分房工作领导组的第一次工作会议上，我提出分房工作的指导思想："这次分房一定要公平、公正、公开，才能增强教职工的向心力，才能促进学校健康、平稳的发展，把领导对教师的关心最大程度的彰显出来。"大家讨论后，认为这既是学校发展的需要，也是教职工的心愿。

首先，我带着大家走访宣中、职高、公路站、宣城三中等单位，学习、了解他们的分房做法。但是总体感到他们分房的矛盾不大，而我们学校申请者与套房数是6.5：1，矛盾大，大家要新房的心情又相当急迫。走访结束后，我们感到压力更大，制定了稳步推进、细心、耐心的工作原则。

其次，我们制定了工作步骤和要求。一是分房领导组拿出初步分房方案。初步分房方案明确一要解决学校建房中的拆迁户和无房户，其次是住房差的教职工。大套房分配条件是家庭人口在五人以上或是三代人同住，容易引起矛盾的关键问题应在分房方案中有具体可操作的解决办法。二要制定分房评分细则。总分为100分，在各评分项目上要体现主次，打分要向教学一线教师倾斜。评分细则要公正、合理，要经得起推敲，能站住脚。评分细则制定过程中，要反复修改，听取方方面面的意见，最后提交教代会讨论通过。三要讲民主集中，守纪律，班子讲团结。形成基本的工作纪律，即会下耐心听取不同意见，会上提交讨论，举手票决会上不能统一的焦点问题，会后大家共同做工作。

制订学校分房方案的工作稳步推进。历经初步方案的公布、听取意见、讨论修改，再公布讨论修改，如此三次往复，反复研究最后提交学校工会，工会组织教职工代表大会讨论。在这过程中，一位体育老师到我家闹事说："您搞什么方案，我要分不到房，就找您算账。"我说："这方案是初步方案，听意见后再修改。"他就拍桌子说："不听你的。"然后，他还伸手想打我，但被其他同志拦住。后来，校长来了，将他喊走。教职工代表大会讨论了一天和一晚，最后充分肯定了分房方案，在分配原则和细则上是合理、合情，符合实际的，且具有可操作性。在个别分数分配上建议略微调整，以便确保拆迁户和危房户、无房户能分到新房。在分房领导组会上，根据教代会的意见，微调了个别分数分配。后将此方案公布一周听取意见，并要求教职工将评分的各项材料，尤其是教学成绩的材料，在规定时间内上交，以便评分统计。

一周后，学校行政会和分房领导组的全体成员在会议室对照分配方案评分细则，逐条为申请新房的同志评分。第二天，分房领导组成员又再次核对，经核对无误后，我们公布分房方案并请群众审核、监督。当天下午放学后，我刚到家门口就被潘老师夫妇俩叫住，他们气势汹汹地责问我："你把我的分打少了？！"我说："不要紧，明天再给你核对。"潘老师说："您不要核对了，是你没有加上我历史中考成绩分。"我问："你可提供材料了？"她丈夫说："什么材料不材料，你应该知道。"我说："你不提供材料，我怎么知道？"她丈夫骂我说："你找死！"我说："你是谁？怎么开口骂人！"他抢着说："我还想打人！"说着，他真地紧握拳头向我冲来，被食堂师傅们拦住。第二天，我将发生的情况告知校长，他毫不介意地"啊"了一声，走了，我百思不解。行政会上我将此事提出，大家一致认为是无理取闹，要公开点名批评潘老师，但校长没有明确表态。我十分恼火地说："……教代会讨论分房方案，我连列席会议的资格都没有，既不能直接听取意见，又不能当面为大家答疑解惑。当天晚上就有教师冲到我家大吵大骂。这次评分我又无辜受到人格侮辱，你听之任之？这是我代你顶灾、受辱，你这种态度到底是为什么？我想不通，不干了！"说完，我离席而去。分房工作也停滞下来了。

　　一周后，教育局局长做我工作。我简单讲清两次发生的事和校长的态度，局长表态：校长的态度不对，我找他谈；教师胡闹，应给予严肃批评。第二天，教育局派人事科科长和纪检科同志来校调查后，责成那两位老师在教师大会上公开检讨，并向我赔礼道歉。将潘老师丈夫骂人行凶的野蛮行为转告其本人单位处理，并警告他今后在校不得再发生类似野蛮行为。一周后，局领导再次登门做我的工作并指出：你在行政会上的发言是对的，望你能理解校长的苦衷，你要将工作重担继续挑起来。

　　事情耽搁半个月后，在大家的信任下，我只好又领着大家将分房工作继续下去。

　　在公示分数得到认可的基础上，我通知："前50名的申请者于周日上午九时在阶梯教室公开选房，按照从高分到低分的排名依次选房，不到者视为自动弃权。"

　　为保证选房有秩序进行。我首先绘制出二幢房的房型平面图，并注明房号，贴在黑板上。其次，我制作了1到50的序号牌，对照分数排名，依次发给老师。最后，我将图上标明的单元、楼层编号写清并贴在钥匙上，由工会主席按照教职工选择分发钥匙，严防出错。

　　开始选房，我宣布了选房流程：按1到50的顺序选房，选房者听到喊号时，上台在房型平面图上你所选的房号位置上签名，再到工会主席处领新房的钥匙，请注意核对。若不中意所剩房号，本次可以放弃，待下次参与，如此依次选房，直至选完为止。整个选房现场秩序井然，大家心情愉悦。有三位申请者因选不上大套而自动放弃，一直轮到53号选房才完成。前面提到的两位闹事的老师，拿到钥匙后激动地说："王校长，我们当时担心分不到新房而无理取闹，真对不起您。"时过境迁，当年的福利分房政策确实存在问题，与现在的住房补贴政策相比，虽然减轻了职工的经济负担，但是从宏观上讲，单位之间的不平衡，造成了某种程度上的不公平；从微观上讲，严重分散了我们的办学精力，干扰了正常的教学秩序，伤害了同志之间的感情。

　　实干造就事业，挫折催人反思。

　　1993年，我荣获宣城地区先进工作者光荣称号。地区教育局局长来校检查工作时，特走到我面前说："您是位苦干、实干的教育工作者，是我们学习的好榜样。"

十三　退居二线　宝刀不老

1987年开展学区工作时，我是全县学区校长中第一批取得教师中级职称的人。后来，和我同一批的校长有的已经获得高级教师职称了，而我自1989年调到宣城二中以来，只埋头工作，一根根难啃的"骨头"都被我带领总务处的同志们连续攻克，我没有片刻休憩，也从没想过申报高级职称。如今，大事难事已定，我可以一边做好学校的总务工作，一边教书，为申报高级职称做准备了。

1995年，我向校长提出申请，要教授初中一个班级的政治课，为我的职称评定打下基础。校长说："你这么忙，有空吗？"当时我坚决地说："你不用担心，我会尽全力的。"两年中，我认真做笔记备课，并发表了两篇论文。当时，每个学校的职称评定都有名额指标，在我和另外一位同志之间产生一个先进工作者和一个高级职称申报者。两轮的投票结果都是一样的，后来我表态放弃评先，只想申报高级职称。第三轮投票结果还是十三票对十三票，最后经过大家讨论，校长依然拍板评定我为"先进个人"，我听到这个决定，摇摇头就走了。后来，校长找我聊天并安慰我。我说："这么多年来，我都没有申请过高级职称，一方面行政工作太忙，另一方面评职称矛盾大，我是想把机会让给别人。如今，申报高级职称的条件我都满足了，我快退休了，后面没机会了，最后却是这个结果，我既不理解，又感到灰心。我这么多年为学校任劳任怨，大家认为我只能干好后勤工作而不能做好一名高级教师，真令人心灰意冷。"校长说："老王，你的条件报什么先进都够，问题在于学历限制了你申报高级职称，把这个指标给你浪费了。"又是学历！还是原来那把剑！我无奈地说："1985年颁布的一个文件上明确规定'1987年以前在中学任教，并从事工作达二十年以上者不受学历的影响'，这个文件你不了解吗？"我十分伤心地走了，一辈子拼命地工作，最后还是栽在了"学历"上！我也萌发了退居二线的想法。后来，校长果然查到这份文件，但已经于事无补。然而第二年这份文件废止，初师毕业生不再可以申报高级职称，就这样我与中学高级教师职称终究无缘。后来因为我连续三年获年度考核优秀，晋升一级工资，这对我来说算是一点安慰。

时光转至1998年，宣州市教育局局长来校检查时，我俩同坐在学校大门口的木凳上，我适时提出："我想退居二线，过渡一下，以便适应退休生活"。局长说："从工作上讲，我舍不得放你；从个人要求上讲，你很实在，你苦干了近四十年，累了一辈子，这点要求也是在情理之中的。我知道了，你放心。"

为进一步改善教职工住宿条件，学校决定再建教工住宅楼两幢计五十五户。通过招标由宣城第二建筑公司承建，于1998年8月破土动工。1998年9月，教育局文件确定我和张明传、李传金同时退居二线，我和张明传副校长为督学，盛旭华副校长分管总务工作。我想立刻移交工作，但是校长再三要求我只抓两幢教工住宅楼这项工程，其他总务方面的工作由盛副校长去办。我思虑再三还是坚持事可以干，但只是协助工作，总务工作的担子不可再挑了。整理办公室后，我向盛副校长移交了工作，包括在建教工住宅楼等工程的资料、协议，总务工作的各项规章制度文本等，还交代了其他重大事项。我谢绝留任督学工作，搬离办公室，可谓之"裸退"。

准退休的悠闲生活不长，宣州市教育局又任命我为宣州市关心下一代工作委员会委员和离退休协会委员会常委；接着，学校党委又委任我为宣城二中教职工离退休党支部书记和学校离退休协会会长。

在领导诚恳的邀请和大家的拥护下，我答应试试看。在"老有所乐""老有所为"的指导思想下，我带领大家积极开展各项文体活动。

王学思（第二排中间）与宁国师范部分同学合影

我利用早晚锻炼时间组织退休教师学舞蹈，学舞剑，学太极和慢跑等多项娱乐健身活动。学校对我们大力支持，开辟了离退休教师娱乐室，设立学校离退休协会办公室，建有阅览室，征订了《安徽日报》《光明日报》《文摘周刊》《参考消息》《卫生健康杂志》；娱乐室配有麻将、扑克、象棋、围棋等；健身室配有乒乓球桌。每年安排两次老年教师的集体活动，上半年以登山踏青为主，下半年赴外地旅游观光，足迹遍及杭州、温州、苏州、无锡、镇江、青岛等地。退下来的老同志亲身享受了改革开放的丰硕成果。每年年底，我带领学校领导看望老同志，代替学校领导探视住院老同志和慰问残困老人并发给慰问金，每年召开老年同志春节茶话会。有一年在茶话会讨论的主题是：宣城三中并入宣城二中是否可行？会后，我写好座谈会纪要，以学校离退休协会名义专题呈送宣州市教育局，座谈会形成的两所学校不能合并的意见得到教育局的采纳。

同时，宣城二中离退休党支部的工作从实际出发，听取离退休党员的意见，制定了支部工作计划：

（一）做好与老同志交朋友，开展问寒走友活动。

（二）认真开展好组织生活会。每年的三月、六月、九月、十二月的十五日上午开支部生活会。

（三）学理论学新党章，开展读精选写心得交流活动。我任职的十二年里，支部工作有声有色。回忆起来，我们共开了三次党课，两次与教育局机关离退休协会支部开展联欢活动，尤其是在庆祝中国共产党诞生九十周年的"唱红歌"文艺活动中，市广播电视台赶到现场采访录播，影响较大。我们组织离退党员赴韶山、大连、延安等地开展红色旅游，深受教育。这十二年来，我多次接受宣州市教育局党委的检查，次次受到表彰。2007年，宣城二中离退休协会荣获省先进集体称号；2008年，学校离退休协会获宣城市教育局先进集体称号，我也荣获先进个人的称号。

十二年"半退休"的生活，我基本做到天天义务值班，做好学校离退休协会办公室的接待、内务整理等工作，做到广泛联络、遇事商讨、及时汇报沟通，完成各项上级安排的工作任务，及时配合协助办理学校的大事，诸事井井有条，十分顺心。2010年后，我因为孙子女陪读离开宣城，各项工作逐渐停顿。我多次申请彻底退休，终于在2012年辞去所有职务，安心地去合肥过着陪读老人的生活。

十四　回望人生　感恩家人

我的慈母

　　我的母亲是一位农村妇女，从小没有接受过学校教育，一生勤恳，做事利索，我四岁时父亲弃家出走，母亲一人将我们兄弟二人抚养长大，以务农为生，每天面朝黄土背朝天，但是从来没有怨言。我八岁时，父亲去世，我们一家人辗转在老家和宣城之间，生活相当艰难。在我心中，母亲一直是一位慈母。

　　母亲一直全力支持我读书。父亲去世后，兄长执掌家门，因年轻备受欺负，织布作坊日渐困难，又逢老家土改，母亲带着我回到老家务农。一年后母亲把送我到宣城读小学，兄长因家庭经济困难不同意我读书，将我安排在当时的宣城棉织社做学徒。几个月后，我看着和自己同龄的小伙伴都背着书包去读书，心里难过，后来写信告诉母亲我想读书，母亲立刻从合肥老家赶过来埋怨我的兄长："我是让你弟弟过来读书的，你们怎么让他做起打纱工，他还这么小会做什么?!"在母亲的坚持下，我可以继续读书，但因学业中断，需要通过考试才允许我跟读四年级。好在我幸运地通过考试，母亲才安心回合肥老家继续种地。小学毕业后，我考上家门口的宣城中学，但是兄长子女多、生活困难，难以继续供我读初中，后来我又收到了宁国师范的录取通知书，因为师范学校是全免费的，这才为我继续读书打开希望之门。期间，我为了挣钱读书，跑去给瓦工队做小工。这个瓦工队负责人叫毛利福，他看我做事手脚利索，建议我不要去读书，要收我做徒弟。母亲尊重我的想法，我一直有个读书梦，所以我只在寒暑假回来跟着他做小工挣点生活费，那年我一共挣了79元，而我在宁国师范读了三年都没有用完这79元。如果没有母亲的支持，我无法坚持读下去。后来在"交心运动"时，我偷偷跑回家不想工作了，交心运动组长找到家劝我归队，母亲也是无条件支持我，最后在兄长的劝说下，我还是乖乖地跟着"交心运动"组长回去了。这件事反映母亲对我更多的是"溺爱"和迁就，而兄长要冷静得多。

我在杨柳学区任教时，1960年下半年将母亲接到身边生活了一段时间，这是珍藏在我心中最美好的记忆。母亲平日里劳动惯了，闲不下来，一直嚷着要回宣城兄长家带孙子，我只好和生产队队长商量让他给一块地给母亲耕种。母亲很高兴，一有时间便下地忙着地里的活，一大块土地都种了胡萝卜，胡萝卜长得特别好。后来，母亲因挂念孙子，最终还是执拗地回去照看孙子，我便将母亲送回兄长家。当时自然灾害时期，分到每家每户的口粮特别少，母亲总是将自己的口粮偷偷节省下来给孙子吃，而自己却吃草根、钉螺充饥，导致身体水肿而去世。

当时我在杨柳学区任教，因长时间没有回去看望母亲，所以特地请假回去看望母亲。我将平时攒的工资买了几斤肉和鱼，还有好吃的点心，准备回家孝敬母亲。从杨柳到宣城每天只有一趟早班车，我等不及，当天下午步行二十五千米赶回宣城兄长家。大约傍晚时走到兄长家所在的豆腐巷巷口，居民已陆续将家里的桌子搬出来准备吃晚饭，巷口一位大婶看见我，说："小王，你怎么才回来啊？"后来，我路过一家门口，他们说："小四子，你才回来啊？"（小四子是我的乳名）。我当时心里觉得奇怪，后来一直走到家门口遇到婶婶，她连忙拉着我说："小四子，你怎么才回来啊，你母亲都去世了啊。"当时我整个人就瘫在那儿了，不相信他们的话。这时候，兄长看我回来了，立马将我拉回家。我询问母亲的情况，他慢慢地告诉我母亲为了省下口粮给孙子吃等一些事情。我饭也没吃，立刻跑到母亲的坟前，跪在坟前哭了很长时间。后来听邻居说，母亲去世前一直叫着我的名字，盼了一个礼拜我都没回来，后来她就走了。我慢慢冷静下来，和兄长理论："家里口粮虽少，怎么饿也不能把一个老母亲饿死。你们做事做得太差劲，母亲重病，你给我捎个信，水肿病不是什么大病，杨柳区很多人得这种病都治好了——母亲也不会有事的。母亲走了，你该通知我回来，让我见母亲最后一面啊？！"由于悲伤和气愤，我要点火烧兄长的房子，最后在邻居的劝说下才作罢。因为这件事情，我一直怨恨兄长，好长时间不和他来往。随着时间的推移，我们兄弟俩仍然相互帮助：兄长家孩子多，在城里生活越来越困难，后来随我下迁金坝中学又举家落户金坝公社张庄大队；侄子们上学、工作、结婚等大大小小的事我都一一帮到，后来又举家返城，落户、房址、建房等诸事我都找人商量解决；我家大事也与兄嫂通气商量，真可谓岁月积淀的亲兄弟感情深厚，血浓于水。兄长于1998年去世。

母亲去世，我没有见上母亲最后一面，是我一辈子的遗憾。时至今日，我对母亲的思念丝毫不减。当年，我从宣城沿公路返回杨柳途经毕村铺时，陡然间迎面走来一位低着头的妇女，无论是她走路的形态，还是身高、年龄都和母亲相仿，我正要喊出"妈姨"（江北对母亲的称谓），猛然醒悟母亲刚刚去世，恍惚之间那位妇女已经走过去，再想回头仔细辨认但已不见踪影，我只好悻悻而去。此情此景一直深深刻在我的脑海里。

我的父亲

父亲因躲债弃家而逃，待父亲归来之时我已经八岁。我对父亲的记忆特别少，父亲给我的印象并不深刻。父亲回来后，在舅舅的帮助下，我们家重新开机织布，日子过得红红火火。父亲是个做事干净利索，且是有勇有谋、性格刚强之人。父亲年轻时期学过一些功夫。那时兵荒马乱，荒山野岭多有土匪出没，当时家里织出的布都是父亲扛到乡里去卖。一次，遇到强盗打劫，我父亲没有立刻逃跑，而是将布放在地下，抽出布板来和七名强盗恶斗，最后将他们全都打倒，并放话"以后我走这条路你们休得阻拦"。就这样，父亲在当地颇有些名声，也只有我父亲敢扛布出城售卖，再加上我父亲为人正直仗义，不仅布匹生意好，邻里矛盾也常常要我父亲评理论公道。

我的妻子

老伴家只有其母亲和她相依为命，她从小随母亲在沈村镇、杨柳镇、养贤讨生活，干过杂活，干过农活，颠沛流离，吃了很多苦。三年困难时期，她在杨柳孤儿院是主劳力。后来，孤儿院撤销，其母在杨柳学区中心校做清洁工，她帮舒亚人校长带孩子，这样母女二人也常常在学校走动，舒亚人校长对他们母女二人十分了解。我毕业后被分配到杨柳小学任教，因为工作积极，吃苦肯干也深得舒亚人校长赏识，舒亚人校长一心想成全我们。当时，我看重她为人朴实、吃苦耐劳、勤俭持家的品质，而她当时十分注重男方的品行。虽然当时有其他教师追求她，最终在舒亚人校长的极力撮合下，我们在1963年结婚了。婚后几十年的风风雨雨，说明我们当时都没有看错对方，老伴一辈子勤勤恳恳，无论经济条件多么紧张，都能省吃俭用，安排有度，把家打理得有条不紊，照顾好三个孩子。无论我工作压力多大，受到不公正待遇，她总能理解、宽慰我，照顾好我的日常起居。在学校工作中，她从来都是走在前头，不叫苦不叫累，用行动支持着我的工作，从不拖我后腿。回头看，这个家没有老伴的付出，不会有今天；没有老伴的默默支持，我在事业上也不会取得这些成绩。如果说我是家里的顶梁柱，那她就是顶梁柱下的那块基石。退休后，我们更加依赖对方，更加体会生活伴侣、精神伴侣的内涵。

年　谱

1938年1月30日（丁丑牛年，农历腊月二十九），出生在肥东县王九七村。

1942年，父亲因欠赌债而离家出走，家境中落。

1943年年底，母亲带着兄弟俩，随舅舅移居宣城。哥哥留在舅舅家当学徒，我随母亲打工、砍柴、洗衣，勉强维持生活。

1946年5月，父亲归来。在舅舅的帮助下，父亲重操旧业，开机织布，哥哥织布，母亲打纱，日子红火，增加织布机，收了三个徒弟，得到邻里一致好评。

1947年5月，启蒙入学，就读宣城复旦小学，一边读书一边完成打纱任务。后由启蒙老师将"王爱发"改名"王学思"，一直沿用至今。

1949年6月，父亲病逝。兄长（18岁）继承父业，因其年少受欺，生意日下，家境日渐衰败。

1950年上半年，老家土改分地，随母亲回肥东老家生活，就读阚集小学。后因不适应老家饮食习惯，半年后，母亲送我回宣城读书，因兄嫂家庭经济困难，中断学业，进宣城棉织社当打纱工。

1953年，因母亲坚决支持读书，后经过考试就读于宣城城厢小学读四年级。

1956年6月，小学顺利毕业，考入宣城中学和宁国初等师范学校。暑假期间在毛礼福建筑工地做瓦匠小工攒生活费用，最后选择食宿全免的宁国初等师范学校继续读书。

1958年7月，以优秀成绩毕业，被推荐免试就读于中等师范学校。但是当时各地教师奇缺，所有初等师范学校三年学制改为两年制，最后一年在校学习改为分配到校跟岗实习，享受每月20.5元生活津贴，所有学生参加工作分配。继续读书的梦想愿望破灭。

1958年7月底，到宣城县教育局报到，分配到杨柳区的杨柳中心小学任教。

1958年8月，参加宣城县"反右"学习运动后的"交心运动"。

1958年9月1日，到杨柳中心小学任教，担任三年级语文、数学教师和班主任；当年在全学区上公开课。

1960年，杨柳小学在初中升学考试中，所教班级的语文、数学成绩优秀，因教学成绩突出，工作积极，被评为"宣城县教育战线先进个人"。

1960年4月2日，出席宣城县群英大会。

1960年9月，调任杨柳白杨陈村小学负责人，兼任全区少先大队辅导员。

1961年8月，调至周王井夹边村小学任校长。

1962年2月，开学后调任桐梓岗小学校长。

1962年4月，被派到宣城师范小教行政管理班进修学习；结束时被教育局调任教育局扫盲干部，杨柳学区不同意而没有成行。

1963年3月—8月，任杨柳学区会计兼学区辅导员，跟随校长参与全学区教学管理。

1963年6月3日，结婚成家。

1963年8月，又被调回桐梓岗小学任校长，旋即又被调到新田中心小学任职，随后到县教育局办事，被副局长送派创办宣城初中，即现在的宣城二中，半个多月搬了两次家。

1964年5月，筹办宣城敬亭初中。

1965年下半年，任宣城敬亭初中后勤副主任，兼劳动生产指导教师。

1967年春节后（1968年2月底），任宣城敬亭初中"革委会"副主任。

1969年7月，学校下迁金坝公社办学，当时被任命为金坝中学"革委会"副主任，兼任宣城金坝人民公社教育革命领导组组长，负责金坝公社的教育工作。

1969年，金坝初中规模不断扩大，办学条件大大改善，被领导评价为下迁学校中举办最成功的学校。

1969年10月，贯彻毛主席的"五七"指示精神，开展学工、学农、学军活动，开辟茶园和农场，创办农业职业技术学校。

1969年—1976年，办学成果优异，多次承担县、省办学经验现场会，学校获得先进集体的光荣称号，作为代表出席了安徽省先进集体表彰大会。恢复中考后，按照计划，金坝初中的毕业生只能参加杨柳、双桥中学的高中招生考试，连续几届都是百分之百被录取。多次参加全国性的体育比赛均获奖。在金坝工作的十年中还肩负着管理全公社的教育工作重任。

1976年8月，调进县城任宣城实验小学主任（即校长），第二天又被紧急调到水东中学，任水东中学"革委会"副主任，主持工作。

1983年11月，调至宣城二中，协助校长工作。首先解决拖拉机维修工作和实验楼重建两项老大难的问题，并协调解决长期困扰学校师生用水、用电的问题。开展学校勘界工作，并绘制宣城二中地界示意图，报县政府审批，县规划办、土地办等部门备案。完成实验楼建设工程。

1984年，因体制改革对完全中学校级干部必须具备本科学历的要求，改任宣城二中总务主任，保留科级待遇。期间，主持建设的教学楼，于1985年8月竣工，成为宣城县示范工程，全县召开建筑质量现场会，一扫宣城二中基建工作在社会上不好的印象；创办"宣城二中预制厂"，接办"宣城二中风琴厂"。

1985年5月，完成学校的土地征用工作。

1986年—1989年，任城关学区校长。

1989年8月28日，调回宣城二中，任副校长。

1990年3月—9月，完成男生公寓建设工程，实现第一次校园向西扩展。

1991年，完成学校主干道及道路系统和田径运动场重建工程。

1992年6月—1993年10月，完成学校大门、综合楼建设工程，并最终完成南、西、北面的围墙建设工程，宣城二中自建校三十九年后有了自己独立的校园。

1993年1月—12月，完成条式、碟式教师宿舍楼建设工程。

1994年1月—12月，完成大礼堂建设工程。

1995年，完成食堂建设工程。

1998年9月，退居二线。

1998年12月，退休并担任宣州市关心下一代工作委员会委员和离退休协会委员会常委、宣城二中离退休党支部书记和学校离退协会会长等职务，过了十二年的"半退休"生活。

2012年，辞去所有职务，彻底退休。

永远的英雄（代后记）

2012年9月，我的父母到合肥陪读。中午回去吃饭时，我听母亲埋怨父亲天天写文章，父亲淡淡地说："把这一生的教育经历写出来，好多事要说出来。"我从小到大都知道父亲坎坷的教育人生，很惊讶父亲现在有这样的想法。我做了20多年的学校管理工作，研究过合肥一中校史和整理了合肥六中校史，采访过很多老校长、老教师，很能理解父亲的心情。我知道这种个人传记对学校发展史、地方教育史具有一定的价值，对我父亲个人是人生的总结和回顾，对子孙更是一种家族式的交代，于是我毫不犹豫地支持父亲完成这项工作。直到2015年5月，父亲交给我一沓稿纸："写好了，很乱，你看看，可以就印，不行就不印了。"如今这本书终于成稿了。

我读着他写的这些文章，就如同回放着一幕幕家庭生活场景，难以平静。

记得读小学三年级时，我没有告诉父母就在家里私自拿了5分钱买削笔刀，被发现后受到父亲的严厉训斥，我接受"家法"承认错误之后，父亲才作罢。

1979年，哥哥念初二，我念初一，整天坐不下来学习，阮瑞莲老师提醒我父亲："不要只考虑学校工作，要把你两个儿子的学习好好抓抓。"那年暑假，父亲强令我们兄弟俩不准玩，必须各自做完一本数学习题。每天，母亲在家督促我们，父亲回来查看我们的作业进度，听母亲评说我们的表现。我们也不敢造次，一人一张书桌，一人一本废试卷装订的作业本，抄一题做一题。刚开始，我们如坐针毡，备受煎熬，随着日子的推移，我们静心做作业的时间越来越长，暑假结束了，兄弟俩的野性子没了。直到现在，我们都认为这是我们兄弟俩成长的关键时期。

我在水东中学念书时，每天早上在父亲的严厉催促声中起床，在学校操场上跑步锻炼，引体向上、哑铃、俯卧撑，一样不能少。夏天起得早，再热也要做完规定的动作；冬天天还没亮，再冷也要跑。父亲常训导我们"冬练三九，夏练三伏"，"练的就是毅力"。洗漱完毕，父亲逼着我们在山坡上大声读书，听不见读书声就会责骂我们。父亲就是严父！那时常想不在父母身边念书该多好啊。

1984年，父亲骑自行车接送我参加高考，考点到我家的街道正在铺块石夯实路基。上午考完语文，父亲载着我快速穿行在坑洼不平的块石之间，突然一颠，车子快速倒向一边，父亲握着车把，左脚刚着地，头已经转过来，问我"摔倒了吗？"他那满是汗水的脸和焦灼的眼神从此印在我的脑海，从没有褪去。

1985年，父亲送我到安徽师范大学报到，父亲挑着行李，到寝室帮我铺好床铺，就要带我去买块手表。我知道家里经济十分困难，父母一向省吃俭用，一再推说不要手表，但父亲坚持，我只好随父亲去了中山路百货大楼。父亲花70元钱给我买了块上海牌手表，要知道这是父母一个月的全部收入，我戴着新手表高兴不起来。父亲看出来了，说："一个人在外读书，没有手表不行，家里的事你就不要烦神了。"下午，父亲陪我到大礼堂报到，我排队时父亲因为要赶乘回宣城的汽车，就走了。望着消失在人群里父亲汗湿的背影，我心里酸酸的。我第一次感到父亲没那么严！

无论什么时候，父亲都是家里的绝对权威，我们兄弟俩十分怕他，这种"怕"一直到哥哥参加工作，我上了大学之后才逐渐淡去。母亲随着父亲"南征北战"，在学校只能干最辛苦的工作，只能默默承受父亲工作带来的各种的压力，担心、焦急、无助、害怕常常缠绕着她。她既要照顾好父亲的身体，又要照顾好我们兄妹三人，承担五口之家的一切家务劳动。家里收入低，她还和父亲一道开荒种地、养鸡、养鸭、养鹅补贴家用，在家里永远任劳任怨。母亲从小就受尽生活磨难，这一切好像对于她没什么难的。她不知疲倦地忙完工作忙生活，是父亲"冲锋陷阵"强大的后方。母亲神奇般地把家里安排得井井有条，生活虽然拮据但不失体面，家居虽然陈旧但整齐、干净，母亲是我们兄妹三人幸福生活的温暖源泉。母亲对于我而言，是一种无法摆脱的感情依靠。

2016年上半年，我和周兴国教授讨论父亲的书稿时，周教授问我："你父亲是上一代教育工作者中的普通一员，那一代人究竟留给了我们什么？"因为亲情的缘由，我无法作出理性的回答。

父亲干工作从来没有考虑过自己的利益，也从来没有想过为家人谋点方便。1972年，按照当时的政策，母亲完全可以从临时工转为正式工，这在当时是天大的事。因为父亲在农村中学工作没有顾得上经常过问，直至几个月后"临转办"撤销，还没见到母亲的转正通知，方知被别人掉包了。虽经金坝公社领导努力，但于事无补。每每说起这件事，父亲都有深深的负疚感。父亲在金坝中学工作时，堵塘漏和教师住的茅草房失火的事我还有点印象，父亲总是冲在最前面，面对危急事件既能指挥若定，又能身先士卒，从来没有考虑过自己的安危。

父亲在水东中学工作的前六年时间内，学校没有招待费的支出，所有县教育局到学校检查工作，午餐招待都在我家，我们也就在这时能吃到鸡肉、鸡蛋等荤菜了。年少的我一看到学校来人检查工作，心里就特别高兴，不知道这却是母亲最无奈的时候。

2016年下半年，我和周教授的学生们讨论父亲的教育人生时，突然想到周教授所提的问题答案：父亲是一名听党指挥的普通党员，听党指挥是贯穿其一生工作的基本习惯，干好工作是贯穿其育人生涯的基本宗旨，坦荡、正直是贯穿其一生做人的基本准则，奉献和服从是父亲贯穿其一生的基本特性。

1960年到1964年，父亲多次调动工作，每次赶赴新岗都是"救火队长"的角色，从无怨言，任劳任怨。

1968年，父亲为稳定教师情绪，主动随下迁学校到金坝公社创办金坝中学。

1976年"文革"结束，面对组织上临时改变决定，失去很多人梦寐以求的进城工作的机会，父亲虽然心有不甘，但还是服从组织决定，赶赴水东中学上任。整顿校风，拨乱反正，解危乱于既倒；迁址办学，划地建校，辟运动场地于坟冈；抓作风，提质量，毅然成为全县中考升学率最高的学校。八年里，既有被人政治诬陷，也有为学校利益据理力争，不畏强权，不畏别人于私利的威胁，更有为秉承正义而为教师主持公道。水东中学的八年工作是父亲中年最盛时期的得意之作，胸怀坦荡和刚直不阿，但也消耗着他那种无所畏惧、勇往直前的心气。

纵观父亲一生，"三进二中"的故事以及始终如一的奋斗精神，更能体现父亲对组织的服从意识和对事业的奉献精神。1963年，父亲从新田小学到教育局办事，被局长带到宣城初中（宣城二中的前身）准备开学工作和筹办敬亭初中（后改为宣城四中、宣城职业高中），直到"失踪半个月后"才回新田小学搬家。1983年，在我们兄弟读书的事使父亲受到委屈后，组织上终于兑现迟到5年的承诺，父亲被调回宣城二中任校长助理。父亲虽然心中不快，但仍然拼命工作，解决困扰宣城二中师生多年的用水、用电问题，解决困扰学校领导多年的拖拉机维修、实验楼建设问题，解决学校地界勘定、校园规划问题，每一件、每一桩都是在别人看来不可能的事，父亲拼命一干就是3年，件件落实。1986年，父亲调任城关镇学区校长。1989年，又是领导点将，组织上决定将父亲强行调回宣城二中任副校长。学校班子大调整，县委副书记要亲自到校参加开学工作会议。县委副书记坚持把父亲找到会场后才开会，父亲百般无奈只好把蓬蓬勃勃的城关镇学区工作放下，第三次回到风雨雷霆中的宣城二中。父亲没有等、靠、要，而是抓住后勤工作的痛点、难点，迎难而上，扩展校园用地范围，建礼堂、运动场、教师宿舍楼、学生宿舍楼、教学楼，勘界建设学校围墙，终于使学校有了独立、完整、安静的校园。父亲是宣城二中发展的见证者和参与者，这是他一生听党指挥而践行的最厚重的教育生涯。

2003年，我参加合肥一中副校长公开选拔面试时，考官问我："列举三位对你影响最大的人，并说明原因。"我毫不犹豫地回答："我的父母！父亲教会我拼命干好工作，母亲教会我任劳任怨……"

感谢我的父亲和母亲！

衷心感谢为这本书的出版提供帮助的朋友们！

王勇

2018年1月1日于滨湖品阁

永恒的温度（补记）

后记已经写完，总感到缺点什么，言犹未尽。再读书稿慢慢发现，父亲之所以能全心全意扑在工作上，很大程度上是依赖背后无处不在的母亲的支持，这令我又提笔写下关于母亲的故事。

我母亲没有念过书，只在扫盲班认过字，会写自己的名字，认得父亲和我们兄妹三人的名字，可我从来都觉得母亲是我心中最可敬的人。辛酸的童年和少年、辛苦奔波的中年、平安幸福的晚年，是母亲一生的生活写照。

母亲出生后就过继给郑家，郑家是宣城沈村镇上的富裕人家，中年夫妻因为孩子不好养活，想抱个孩子"压一压"。母亲的养母叫宋光华，待我母亲很好。母亲五岁时，家里添了一个小弟弟。母亲六岁时，养母带着弟弟回杨柳镇的娘家奔父亲丧期间，郑父因赌博还债把母亲卖到江北农村。之后，养母带着幼子和双目失明的老母亲回到沈村。随后一年里，养母为寻找母亲吃尽苦头，求尽人情，也与郑父离婚，祖孙三代无依无靠，生活艰难。一年多后，一方面中华人民共和国成立后有"解放童养媳"政策，一方面在好心人的帮助下，母亲从江北返回养母的身边，从此祖孙三代四口人相依为命，颠沛流离，尝尽生活的酸甜苦辣。

母亲六岁被卖到江北农村是她生活的转折点。

远离亲人，日夜思念，终日以泪洗面，久思成病。农村人家心地善良，米粥喂食，宽心安抚，母亲的病也慢慢地好起来了。母亲每天打猪草，洗衣服，捡牛粪，样样活要干。母亲回到养母的身边时，虽然只有8岁，但已经成为这个三代四口之家的重要帮手了：养母在家替人洗衣，照顾一老一小，母亲在外做零工或者在家帮助洗衣。夏收时，母亲随养母到农村帮助收割水稻，换得午饭，晚上收工时再要点碎米糠米，带回家供养老小。如此艰难度日，后来小弟弟不幸生病夭折，一家人眼看在沈村镇更无盼头，又举家回到杨柳老家，期盼在老家有个栖身之所。

10岁左右的母亲和其养母一道，牵着双目失明的外婆，背着简单的行囊，走30多千米路回到杨柳。杨柳已没有亲戚，他们只能在养母闺中密友"老主心"（音）的柴房里暂居下来，三人的生活依然靠养母和母亲洗衣、打零工度日。眼见生活难以为继，"老主心"又牵线说服养母远嫁到养贤乡农村一户人家，祖孙三代人在那里"寄人篱下"般生活了两年，母亲犹如一个劳动力干着农活，但是养母终于受不了欺负和白眼，又离婚举家返回杨柳。生活转了一个圈又重重地压在头上，而且让养母对生活、对婚姻更加失望，这种压力又多了一层因生活信念的毁灭而带来的精神桎梏。

生活还要继续，还是如同以前那般艰难地讨生活，吃了上顿没下顿。母亲这时只有15岁，已经成为家里的顶梁柱，生活的磨砺已经把母亲锻炼成能吃苦、能干活、老实善良、坚强的姑娘。日后也没有什么困难能难住在苦水中泡大长成的母亲了。

在"老主心"的帮助下，一家三口人落户在杨柳镇边上的农村，好歹有口饭吃。母亲自然成为家里出工的劳动力，从一天半个公分干起，一直干到一个整劳动力的工分，养母每天要完成全村出工劳力的洗衣任务，母亲一下工便回家帮忙洗衣服，实际上大半洗衣服的任务都是母亲完成的，这是一家三口人难得吃饱饭的时光。随后到1960年，大饥荒在农村蔓延开来，大米没有了，母亲随着生产队的妇女队长外出做工、挖野菜、捋榆钱树叶子，担惊受怕，远远超过一个孩子的心理承受能力，在磨难中母亲慢慢造就了一颗坚强的心。日子越来越艰难了，每天在生产队只能分得糠米，双目失明的外婆吃不了糠米糊糊，慢慢地，生命耗尽离开了人世。

1961年，杨柳镇政府开办孤儿院，收留大饥荒中失去亲人的孤儿。"老主心"安排母亲和养母到孤儿院做事，养母负责洗衣、照看孤儿，母亲负责孤儿院的一切杂务，挑水、挑米、砍柴、开荒种菜等等无所不能、无所不为。母亲俨然从为一个家庭的生活劳动，走到为一个集体的生活劳动。劳动光荣，劳动崇高的种子慢慢在母亲心里生根发芽。

1963年孤儿院撤销，生活又回到原点。好在杨柳小学需要校工，校长舒亚人新添孩子需要保姆，"老主心"介绍母女俩去做事。父亲1958年已在杨柳小学工作，经过舒亚人校长介绍他们相识，并于1963年6月3日结婚。从此，母亲的生活又围绕这个家庭，围绕父亲的工作开始辛苦运转了。

父亲工资低，母亲没有工作。无论父亲调到桐梓岗小学，还是敬亭中学，母亲都拿出先前谋生活的本领，开荒种地，勤俭持家，补贴家用，小日子过得虽然拮据但还稳稳当当。养母为了减轻女儿、女婿的生活压力，也在一些学校做炊事员，后来又与杨柳供销社董训根结婚。从记事起，我们都喊他们为爹爹和奶奶。我们家无论住在金坝中学，还是住在水东中学，到杨柳的爹爹奶奶家玩都是我们兄妹三人最高兴的事。后来在宣城二中时，父母担负了年迈的爹爹奶奶看病医治所有的责任和义务，奶奶于1985年病逝。母亲的生父和姐妹偶尔也接济着生活在困苦中的我们，父母结婚后与母亲的四个姊妹经常走动，相互帮助，感情深厚。"文革"期间，我们一家人还在沈村老家避难几个月。哥哥出生时，母亲的养父还来探望过这个新家庭，那时他已经学得篾匠手艺，送来竹篮、淘米筲箕等竹器。

母亲宅心仁厚。父亲一直在学校工作，我们家就接待过很多亲戚、朋友的孩子或学生在家吃住，母亲自然是付出最多的人。在我的记忆里，在水东中学时我就先后与二位堂兄弟、一位父亲同事的孩子、四位山里老百姓的孩子在家同住，我们家就好似学生宿舍。在宣城二中读初中的三位表妹先后跟妈妈一同生活，管吃饭，管学习，样样少不了。我们成家立业后，才更感到这是需要付出很多耐心和爱心的劳心事。春季开学后，未吃早餐的年轻邻居到我家要年糖、蛋卷等零食充饥，都是轻车熟路，不用打招呼的。

母亲是个地道的贤妻良母，在外忍辱负重支持父亲的工作，在内含辛茹苦照顾好全家人的生活。记得在水东中学时，母亲先是在食堂做炊事员，食堂两个大水缸的水都是由三个炊事员从山下水井里挑来的，无论下雨路滑，还是烈日当空，一天也没耽误全校师生饮食用水，再难再累的事母亲总是抢在前，从没有拖过后腿。1985年，我们在宣城二中时，因为每天起早，工作又脏又累，没人愿意烧锅炉向师生供应开水，自然又是母亲站出来解决难题。印象最深的是，家里有好吃的东西，首先给我们兄妹三个，其次要父亲吃好，余下的就没什么了。在我们家吃鱼，鱼头是母亲的，鱼身是我们三人的，鱼尾是父亲的。后来，我们大点懂事了，常常大家让来让去，饭吃完了鱼身子还在盘子里。记得我念初二时的暑假，屋外烈日当空，炎热难耐，家里是老房子，荫凉舒坦，我在书桌前"磨洋工"似地有一下无一下地做作业，突然听到母亲说："拿点水给我喝。"窗口露出母亲那张被太阳烤得通红的脸，豆大的汗珠顺着她的脸颊流淌下来、顺着眉毛往下滴。我赶忙从窗格子间送过一大缸子凉茶，母亲咕咚咕咚喝完水，把缸子给我后又去翻地种菜去了。后来，每当我读书懒惰时，眼前就浮现出母亲那淌满汗水、晒得通红的脸。

近些年，父母的身体不如以前了，好在有兄妹两家人的悉心照顾。我也会抽时间回去看看、陪陪他们，父母的晚年还是平静、幸福的。回到父母家，对我们来说就是一种感情回归，无论遇到多大困难，情绪多么差，回到家和父母说说闲话，或者什么也不用说，发发呆就足以平复内心的波澜。这就是家的感觉，就是父母带给我们的温度。

2018年1月5日于合肥广电中心大楼